잃어버린
복음서

잃어버린 복음서

2013년 10월 30일 1판 1쇄 인쇄
2013년 11월 10일 1판 1쇄 발행

지은이 ǀ 김명수
펴낸이 ǀ 이종춘
펴낸곳 ǀ BM 성안당

주 소 ǀ 121-838 서울시 마포구 양화로 127 첨단빌딩 5층(출판기획 R&D 센터)
       413-120 경기도 파주시 문발로 112(제작 및 물류)
전 화 ǀ 02) 3142-0036
       031) 955-0511
팩 스 ǀ 031) 955-0510
등 록 ǀ 1973. 2. 1. 제13-12호
출판사 홈페이지 ǀ www.cyber.co.kr

ISBN ǀ 978-89-315-7715-0 (93230)
정 가 ǀ 14,000원

저자와의
협의하에
인지 생략

만든이
편집 · 진행 ǀ 이병일
표지 디자인 ǀ 박원석
본문 디자인 ǀ 김인환
마케팅 ǀ 변재업, 차정욱, 채재석
제작 ǀ 김유석

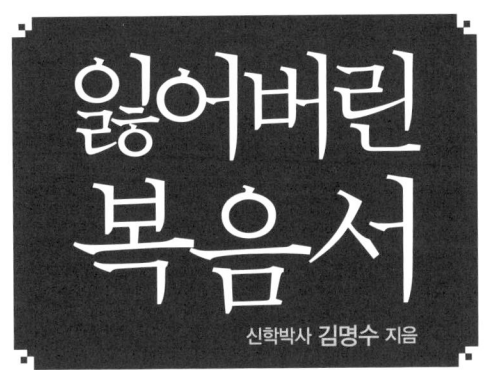

신학박사 **김명수** 지음

BM 성안당

서언

예수는 실재 인물이었는가?
예수는 실제로 무슨 말씀을 하셨을까?

예수는 실재 인물이었는가?

그리스도교는 예수를 신성神性을 지닌 하느님의 아들 그리스도요, 구세주救世主로 고백한다. 신성을 지닌 분으로 고백한다고 해서 예수가 인간이 아니라는 것을 말하는 것은 아니다. 그리스도교 역사에서 예수는 일차적으로 어디까지나 기원후 1세기 로마제국의 식민통치 시절 팔레스타인의 갈릴리에서 태어난 나사렛 청년이라는 역사적 인물historical person로 고백된다. 그리스도교는 예수에게 초역사적超歷史的 의미super historical meaning를 부여하고 있지만, 동시에 그는 역사적 인물로 고백되고 있다. 그들에게 예수는 초역사이면서 역사적 인물이요, 동시에 역사이면서 초역사적 인물이다.

그리스도교 문헌에서 역사의 실재 인물 예수에 대한 정보를 얻는다는 것은 그리 쉬운 일이 아니다. 신약성서에서 우리는 그에 대한 역사적 자료를 얻을 수 있는가? 단편적으로나마 얻을 수 있을 것이다. 허나, 신약성서, 특히 네 개의 복음서가 전해주는 예수 이야기들은 실제의 '예수 이야기'(a story of Jesus)라기보다는, 그를 그리스도로 추종했던 예수민중에 의한 '예수에 관한 이야기'(a story about Jesus) 성격을 띠고 있다. 예수 전기傳記라기보다, 일종의 예수민중의 '신앙 고백 문서'이다. 이를 신학적으로 케리그마kerygma라고 한다. 복음서는 예수 이야기의 일차적인 자료primary source가 아니다. 일차적 자료에 근거하여 재구성된 이차적인 자료secondary source인 셈이다. 복음서에서 우리는 역사의 예수를 만나거나 직접 그의 육성을 들을 수 없다. 단지 예수민중의 눈에 비친 예수, 그들에 의해서 주관적인 신앙의 차원에서 재해석된 케리그마의 그리스도를 만날 수 있을 뿐이다.

그렇다면 성서 이외의 자료에서는 역사의 예수에 대한 정보를 얻을 수 없는가? 비록 제한되어 있기는 하지만, 신약성서 밖의 문헌에서도 간혹 예수에 대한 이차적인 기록을 찾아볼 수는 있다.

1

플라비우스 요세푸스Flavius Josephus(AD 37~100)의 문헌들을 빼놓을 수 없다. 그는 로마군 사령관 티투스Titus의 종군기자從軍記者로 활약하였다. 요세푸스는 유대전쟁Jewish War 기간(AD 66~73)에 일일이 따라 다니며, 전쟁에서 그가 보고 느낀 것을 기록으로 남겼다. 그것이 『유대전쟁사』이다. 요세푸스는 원래 예루살렘의 사제가 문司祭家門에서 태어난 경건한 유대인이었다. 16세 때 그는 자기를 찾기 위하여 유대 광야에 나아가 3년 동안 금욕 생활을 하면서 수행을 하기도 하였다. 예루살렘으로 돌아온 후, 그는 바리새파 종파에 가입하였다. 벨릭스 총독 시절 64년에 그는, 유대인 석방을 위한 바리새파 사절단의 한 사람으로서 로마를 방문하기도 했다. 로마의 식민통치에 항거하여 폭동을 일으킨 혐의로 로마에 끌려간 유대인들의 석방을 호소하기 위해서였다.

기원후 66년 젤롯당Zealots을 주축으로 로마의 식민통치에 항거하는 유대인 봉기가 갈릴리를 거점으로 발발하여 전국적인 규모로 확대되었다. 이때 요세푸스는 반로마 유대항전의 중심세력이었던 젤롯당에 가담했다. 그는 지도력을 인정받아 유대인 지휘관의 한 사람으로서 갈릴리 요타파에 파견되었다. 그는 그곳에서 로마군에 맞서 싸웠다. 허나 역부족이었다. 그가 이끄는 유대인 저항군은 로마군 사령관 베스파시아누스 플라비우스에 의해 괴멸되고 말았다.

이때 전쟁에서 패한 유대인 지휘관들은 이방인에게 투항하기보다 차라리 자결하는 쪽을 택하였다. 그들은 제비를 뽑아 서로를 죽였다. 마지막으로 요세푸스와 한 병사만이 남게 되었다. 67년 7월 어느 날, 요세푸스는 그 병사를 설득하였다. 개죽음을 당하지 말자는 것이었다. 그들은 함께 로마군에 투항하였다. 로마군 사령관 베스파시아누스 앞에 끌려간 요세푸스는 그가 곧 황제가 될 것을 예언하는 예지력을 발휘하였다. 그런데 그의 예언이 적중하였다. 얼마 안 있어 베스파시아누스는 황제로 부름을 받아 로마로 개선하였

예수는 실제 인물이었는가

다. 그의 뒤를 이어 후임으로 아들 티투스가 사령관이 되었다. 69년 풀려난 요세푸스는 티투스의 군대 자문역이 된다. 기원후 70년 예루살렘이 로마의 티투스 군에 의해 함락되고 만다. 전쟁에 승리한 티투스는 71년 로마로 입성하게 된다. 요세푸스는 그와 함께 로마로 간다. 그는 로마 시민권을 취득하였다. 로마에 체류하는 동안 요세푸스는 베스파시아누스 황제의 옛 저택에 머무는 배려를 받았고 점령당한 유다이아의 땅과 상당한 연금도 지급받았다. 황제 베스파시나우스는 그에 대한 신뢰의 표시로 자기 성姓인 '플라비우스'라는 성을 요세푸스에게 내린다. 그 후로 그는 플라비우스 요세푸스Flavius Josephus라는 이름으로 불리게 된다.

기원후 75년에서 기원후 80년 사이에 그의 유명 저서들이 쓰였다. 모두 요세푸스가 로마에 머물면서 플라비우스 황제 가문의 보호를 받을 때 저술된 것들이다. 유대전쟁에 참전하면서 예루살렘의 함락까지 모두 지켜본 요세푸스가 자신의 경험과 여러 자료를 토대로 저술한 『유대전쟁사』(Bellum Judaicum)(79년)와 천지창조 때부터 시작해 유대인들의 역사를 서술한 『유대고대사』(Antiquitates Judaicae)(93년)가 대표적인 저서이다. 이 책들은 모두 그리스어로 쓰였다. 유대에 대해서 잘 알지 못하는 그리스인들에게 당대 유대 민족의 역사와 문화를 알리기 위한 일환으로 기록된 것이다. 그의 저술들은 당대 그리스, 로마, 유대의 역사를 알 수 있는 중요한 자료로 평가되고 있다. 그는 기원후 100년경 로마에서 노환으로 별세했다고 전해진다.

요세푸스는 그의 저서에서 예수에 대해 다음과 같이 언급하고 있다.

　당대에 그를 사람으로 불러도 된다면, 예수라고 하는 한 현인賢人이 살
았다. 예수는 놀라운 기적을 행하는 사람이었으며, 진리를 따라 살려고
하는 사람들의 스승이었다. 여러 유대인들과 그리스인들 중에도 그를 따
르는 사람들이 상당수 있었다. 그는 스스로 그리스도라 칭하였다. 우리
유대 지도층이 예수를 고발하여 빌라도로 하여금 그를 십자가에 처형토
록 했으나, 처음부터 그를 따랐던 무리들은 예수의 십자가 곁을 떠날 줄
몰랐다. 사흘째 되는 날, 예수는 다시 살아나 그들 앞에 나타났다. 하느
님이 보내신 예언자들이 그에 대해 예언을 하였고, 그가 많은 기적을 일
으킬 것이라는 것을 예언하였다. 지금까지도 그를 따라, 이름을 그리스
도인이라 지은 종파가 사라지지 않고 있다. 이와 같이 흉측한 집단들이
아직도 유대인들 사이에 계속 소요를 일으키고 있다.(『유대 고대사』
18 : 63-65)

　이 기록을 그리스도인들은 '플라비우스의 증언'(Testimonium
Flavianum)이라고 부른다. 요세푸스의 이러한 진술이 문자 그대로
역사성을 담고 있다고 보기는 어려울 것이다. 허나, 그가 어느 정도
역사에 근거한 진술을 하고 있다고 볼 수 있다. 일부 학자들은, 이
필사본이 예수를 메시아로 신앙하고 있는 초기그리스도교 학자들
의 손에 의해서 부분적으로 위작僞作되었을 개연성을 말하고 있다.
　내용의 진위를 떠나 분명한 것은, 요세푸스가 예수를 역사적 실
재 인물로 기술하고 있다는 점이다. 복음서 저자들과 마찬가지로

요세푸스는 본문에서 예수를 빌라도 총독의 통치시대에 살아 유대 민중의 소요를 일으켰던 실재 인물로 기술하고 있다.

상기上記 텍스트에서 요세푸스가 예수를 사람들에게 지혜를 가르친 현인賢人으로 묘사하고 있는 점이 눈에 띈다. 이것은 복음서에서 기술된 예수의 지혜말씀들을 담은 가르침들과도 일맥상통하는 면이 있다. 당시 로마 총독 빌라도는 유대 지도층의 고발에 따라 예수를 십자가에 처형한 것으로 되어 있다. 이러한 요세푸스의 증언은 복음서의 그것과 상당한 편차가 있음을 볼 수 있다. 예수는 로마의 식민 사회에서 소요騷擾를 일으킨 자이며, 그의 죽음의 책임을 복음서 저자들은 빌라도가 아니라 유대 지도층에게 돌리고 있다. 요세푸스는 그가 살고 있던 시대에 예수를 따르는 그리스도인들이 존재했음은 언급하고 있다. 제자들의 부활신앙이 그들로 하여금 예수의 복음을 전파하는데 일정 역할을 했을 것이다.

2

로마의 사가史家 타키투스P.Comelius Tacitus(AD 55~118)는 그의 책 『연대기』에서 네로황제 재위 기간에 일어났던 기원후 64년의 로마 대화재 사건에 대해 기록하고 있다.

네로는 떠도는 소문을 종식시키기 위해 그 책임을 특정 집단에게 돌렸다. 그리고 극심한 고문으로 그들을 처형했다. 로마 시민들은 이들을 크리스티아니Christiani라 불렀다. 이 명칭은 티베리우스 황제 치하의 유대총독 본디오 빌라도에 의해서 처형된 크레스투스Chrestus에게서 유래된 것이다. 이 허황된 미신 집단은, 억압받는 동안 잠시 주춤했지만, 그후에 다시 고개를 들고 일어났다. 그들의 신앙이 처음 발생한 유대지역뿐만 아니라, 온갖 해괴망측한 일이 도처에서 벌어지는 로마에까지 세력을 뻗쳤다. 유죄 인정을 받은 크리스티아니들에 대해 체포령이 내려졌고, 그들은 유죄 판결을 받았다. 도시 방화죄 때문이라기보다는 그들이 인류를 증오한다고 보았기 때문이었다.(『연대기』15장 44,3)

요세푸스와 마찬가지로 타키투스 역시 그리스도교 집단이 나사렛 예수에게서 유래한다는 점에 대해 언급하고 있다. 타키투스는 예수가 그리스도라 불렸다고 한다. 그는 그리스도를 고유명사로 알았던 것 같다. 그래서 크레스투스Chrestus라고 불렀다. 허황된 미신을 전파하는 크레스투스가 티베리우스 황제 통치기간(AD 14~37) 유대 총독을 지냈던 빌라도에 의해 처형되었음이 언급되고 있다. 타키투스는 그리스도교라는 미신이 로마에까지 퍼지는 것을 아주 못마땅하게 생각했던 것으로 보인다.

3

수에토니우스C.Suetonius Tranquillus(AD 70~130)는 로마제국의 초창기 12명의 황제(율리우스 씨이저부터 도미티아누스까지)의 생애를 중심으로 『황제전』(De vita Caesarum)을 기록하였다. 이 책에서 클라디우스 황제(AD 41-54년) 재위기간에 있었던 일에 대해서 보도하고 있다. 그중에 다음과 같은 기록이 나온다.

크레스투스Crestus에 의해 미혹되어 끊임없이 소요를 일으키는 유대인들을 그(황제 클라디우스)는 로마에서 추방했다.(25, 4)

황제 클라디우스가 로마에서 유대인 추방령을 내린 것은 AD 49년에 있었던 일이다. 이 사건으로 인하여 유대인 브리스가와 아굴라가 로마도성을 떠나 고린도로 이주하였음을 알 수 있다. 바울은 아테네 선교에서 성과를 얻지 못하고 고린도에 갔을 때, 우연한 기회에 그들을 만나게 되었다. 바울은 그들 집에 묵으면서 함께 일을 했다. 그들의 직업은 천막을 만드는 일이었다. 바울은 그 부부를 주축으로 고린도교회를 설립한다.(참조, 행18 : 2)

4

AD 73년 시리아의 스토아학파인 마라Mara는 그가 로마의 감옥에 갇혀 있을 때, 그의 아들에게 편지를 썼다. 편지 내용 중에 그는 예수에 대해 언급하고 있다.

아테네 시민들이 소크라테스를 처형한 후 무슨 소득을 보았는가? 기아와 역병이 그들을 휩쓸지 아니했는가? 사모스 섬 시민들은 피타고라스를 화형에 처하고 무슨 소득을 보았는가? 섬이 황폐화되지 아니했는가? 유대인들은 현자를 처형하고 무슨 소득을 보았는가? 나라의 주권을 빼앗기지 아니했는가? 신은 세 사람 현인의 처형에 대하여 합당한 보복을 하셨던 것이다. 아테네 시민들은 굶어 죽었고, 사모스 섬은 해일로 죽었으며, 유대인들은 살육당하고 자기 땅에서 쫓겨나 떠돌이 신세가 되었다. 소크라테스는 죽었으나 죽지 않았다. 플라톤 때문이다. 피타고라스도 죽었으나 죽지 않았다. 헤라스투스 때문이다. 유대의 현인도 죽었으나 죽지 않았다. 그가 내린 새로운 율법 때문이다.

본문에서 유대의 현인賢人은 누구를 지칭하고 있는가? 예수이다. 마라는 그의 아들에게 쓴 편지에서, 66년에서 70년에 이르는 유대 전쟁의 참화와 유대인이 나라를 잃고 떠돌이 디아스포라가 된 것을 예수의 처형에 대한 신의 보복의 일환으로 소개하고 있음을 볼 수 있다. 유대가 나라의 주권을 상실한 것은, 현인 예수의 처형에 대해 신이 책임을 물은 것이라고 생각했던 것 같다.

5

로마의 역사가 율리우스 아프리카누스Julius Africanus(AD 170~240)는, 최초로 창세기 역사 때부터 그가 살고 있는 217년까지 세계의 역사를 연대기적으로 저술하였다. 여기에서 그는 탈루스 Thalus의 책을 인용하고 있다. 탈루스는 52년에 쓴 그의 책 『세계사』에서 예수의 죽음과 연관된 사항을 자연현상과 결부시켜 언급하고 있다고 한다.

탈루스는 그의 역사책 제3권에서 이 어둠을 일식 현상이라고 하였다. 그러나 내가 보기에 그것은 이성적인 관찰이 아니다.

탈루스는 예수의 십자가 처형사건 당시 일어났던 초자연적인 현상(하늘이 갑자기 어두워진 현상)을 과학적인 안목에서 일종의 일식日蝕현상으로 설명하고 있다. 허나, 아프리카누스는 예수가 처형당하던 때 일식현상이 일어났다는 탈루스의 주장을 반박한다. 예수가 죽은 유월절에는 보름달이 떴을 때였기 때문에 일식 현상이 일어날 수 없다는 것이다.

6

로마의 정치가 플리니우스(AD61-120)는 그의 『서간문』에서, 폰투스 지역의 총독 시절 그리스도인들에 대한 고발을 받고, 이를 조사한 사실에 대해 적고 있다. 이 서간문에서 그는 초기 그리스도교 신도들이 어떠한 형태의 신앙을 가지고 있었는지 소개하고 있다.

그들은 정해진 날 동트기 전에 규칙적으로 모여서 신앙고백을 하였다. '나는 그리스도를 하느님으로 경배하며, 범죄 행위를 하지 않고, 도둑질, 강간, 강도, 약속 파기, 연보 돈을 횡령하지 않을 것을 맹세합니다.'

초기 그리스도교 신도들은 주일마다 새벽에 정규 예배를 드렸던 것 같다. 그 핵심에는 예수신성神性 신앙이 서 있음을 볼 수 있다.

윤리적인 일탈 행위를 금지하고 공동체성 회복을 신앙생활의 중요한 덕목으로 삼았던 것 같다.

7

AD 2세기 초에 기록된 것으로 추정되는 라삐 자료 〈bSanh 43a〉에는 예수가 행한 기적에 대해 다음과 같이 기록되어 있다.

예수는 마술을 행하여 이스라엘인들을 그릇된 길로 미혹하였다. 예수에게는 다섯 명의 제자가 있었다. 재판 과정에서 제자들은 아무도 그의 스승을 변호하지 않았다. 그래서 유대인들은 유월절 축제 전날 밤에 그를 처형하였다.

예수는 요술을 행하며 이스라엘 사람들을 그릇된 길로 미혹하는 일종의 마술사라는 것이다. 예수께서 재판을 받는 자리에 5명의 제자들이 동석했다는 이야기와 그들이 전혀 스승의 입장을 변호하지 않았다는 이야기는 흥미롭다. 복음서에 나오는 장면이지만, 그의 스승 예수를 배반한 베드로의 모습을 연상시킨다. 유월절 명절 전날 예수를 처형했다는 이야기는 요한복음의 보도와 일치한다. 공관복음서에 의하면 예수는 유월절에 처형된다.

이상에서 우리는 복음서 이외의 자료들에 근거해서 역사의 예수의 실재에 대해서 살펴보았다. 복음서에서 발견되는 예수에 대한 구체적이고 전기적傳記的인 내용들은 찾아볼 수 없을지라도, 이상의

예수는 실제 인물이었는가

자료들은 부정적이든 긍정적이든 예수가 허구의 인물이거나 그의 제자들에 의해서 만들어진 상상의 산물이 아니고, 역사의 실재 인물이었다는 사실을 이구동성으로 증거하고 있음을 볼 수 있다.

예수는 실제로 무슨 말씀을 하셨을까?

이 물음은, 지금부터 2천 년 전 근동지방의 팔레스타인에서 실제로 무슨 일이 일어났는가 하는 것과 역사의 맥脈을 같이 하고 있다. 특히 예수를 믿고 따르는 그리스도인들에게는, 이 물음이 중요하지 않을 수 없다.

우리가 믿는 에수그리스노께서 실제로 무슨 말씀을 가르치셨는가? 그가 어떻게 행동했고 살았는가? 무엇을 하려고 했는가? 그가 이루고자 했던 꿈과 이상은 무엇이었는가? 이러한 일련의 물음들은, 그리스도인들에게는 중요하지 않을 수 없다. 예수의 가르침과 삶이 그를 믿고 따르는 사람들에게 신앙생활의 중요한 기준과 패러다임이 되기 때문이다. 참 그리스도인이 되고자 하는 사람에게, 역사의 예수께서 실제로 하신 말씀들은 그의 삶을 있는 그대로 비쳐주는 거울이며 동시에 어둠을 비쳐주는 등불 역할을 한다.

예수께서는 실제로 무슨 말씀을 하셨을까? 이 물음에 대해서 두 가지 관점에서 접근해볼 수 있을 것이다.

첫째, 예수 말씀을 주로 수집하여 편집된 것으로 보이는 큐Q복음이 무엇인지 살펴보는 일이다. 잃어버린 복음서 큐Q가 어떠한

경로를 통해서 발견되었는가? 그리고 어떠한 문학적 구조를 지니
고 있는가? 다른 복음서와의 차이점은 무엇이고, 유사점은 무엇인
가? 큐Q가 지니고 있는 신학적인 가치와 의미는 무엇인가를 살펴
보아야 할 것이다.

둘째, 큐Q복음의 예수 말씀과 가르침들은 독자들로 하여금 어떠
한 자세로 삶을 살아야 할 것인지 방향을 제시해 준다고 볼 수 있
다. 이러한 예수의 말씀들이 주는 메시지는 오늘날 지구촌 자본주
의 시대에 그리스도인으로 산다는 것이 무엇을 뜻하는지 고민하는
사람들에게 삶의 이정표를 제시해줄 것이다.

차례

제 I 부

제1장 잃어버린 복음서 큐Q /27

제Ⅱ부

제1부

제1장 잃어버린 복음서 큐Q

우리는 예수에 대해 얼마나 알 수 있는가?

　일반적으로 그리스도인들 사이에, 예수를 보는 시각에는 두 가지가 있다. 예수를 신성神性을 지닌 하느님의 아들 그리스도로 고백하는 시각이 있는가 하면, 예배와 경배의 대상으로 보는 시각이 있다. 다른 한편으로, 예수의 가르침과 삶의 스타일이 갖는 파격성과 급진성, 그리고 고차원의 윤리적 요구에 매력을 느끼면서, 그를 사회 혁명가로 보는 시각이 있다. 예수는 영적 구원자인가, 아니면 사회 혁명가인가? 예수를 이해하는 데 있어서, 이 두 물음이 서로 충돌할 때가 있다. 그때마다 예수가 실제로 무엇을 했으며 어떤 분이었는가 하는 의구심이 더욱 커지기 마련이다.

　그리스도인 가운데 혹자는 의심을 하지 말고, 무작정 믿기만 하면 된다고 한다. 이러한 '묻지마식 믿음'의 강요는 인간과 세계에 대해서 물음을 갖고 진지한 이성과 합리성을 바탕으로 신앙생활을 하고자 하는 사람들에게는 별로 도움이 되지 않을 것이다. 우리는 역사의 실재 인물 예수에 대해 무엇을 어떻게 알고 있는가? 이 물음에 대해 근원에서부터 다시 살펴보아야 할 필요가 있다.

기록을 남기지 않은 예수

예수는 자기의 생각이나 행동을 글로 남긴 적이 없다. 그는 살아 생전에 유대교와 궤적軌跡을 달리 하는 새로운 종교의 창시자라는 의식을 가진 적도 없을 뿐만 아니라 그러한 종교를 창건할 생각조차 한 적이 없다. 예수는 유대교 라삐의 한 사람으로 스스로를 이해하였다. 허나 그는 보수적인 입장이 아니라 혁신적인 입장을 지닌 라삐였다. 그의 삶과 신앙의 방향은 한 마디로 경천애인敬天愛人으로 수렴된다 할 수 있다. 전심全心을 다하여 하느님을 사랑하고 이웃을 네 몸처럼 사랑하라는 모세 5경에 나타나고 있는 계약covenant사상의 핵심을 예수는 하느님 나라 운동의 최고 강령綱令 principle으로 삼았다. 그 빛에서 예수는 그가 몸담고 있는 이 세계와 모세율법의 근본정신을 잃어버린 그때 당시의 현금現今 유대교를 비판하고 이를 바로 잡으려고 했다. 역사적 예수의 하느님나라 운동은, 경천애인을 근간으로 하는 모세계약의 근본을 회복하고, 그 정신으로 돌아가자는 일종의 회향回向 운동의 성격을 지닌다고 보아도 무방할 것이다. 일종의 본립도생本立道生 운동의 일환이었던 것이다.

예수가 죽은 후, 한 세대쯤 지나서야 비로소 예수는 새로운 종교의 창시자로 떠오르게 되었다. 그를 따르던 무리에 의해서다. 그들 가운데는 바울과 베드로가 결정적인 역할을 했다. 이를 계기로 이른 바 초기 그리스도교가 탄생하게 된 것이다.

그리스도교는 처음에는 유대교 회당 내의 한 종파sect인 나사렛파 Nazarener로 불리었다. 허나, 시간이 흐르면서 나사렛파에서 예수신성 신앙이 강화되었고, 이것은 야훼 한 분만이 하느님이라는 유대교 정통의 유일신monotheism 신앙에 정면 위배되었다. 그들은 유대교로부터 핍박을 당하면서, 유대교에 의해서 출교出敎를 당했을 뿐만 아니라 스스로 유대교로부터 벗어나 독립하려는 자세를 취하게 되었다.

이 세계에서 묵시적 종말이 곧 올 것이라는 임박한 종말 신앙을 가지고 살았던 예수는 그의 메시지나 행적을 기록으로 남겨둘 생각을 하지 않았을 것이다. 정작 그 작업의 필요성을 느낀 것은, 그가 아니라 그를 믿고 따르던 예수 무리Jesus people였다.

예수가 죽고 점점 시간이 흐름에 따라, 예수 무리는 그들의 기억에서 스승에 대한 기억이 희미해져 감을 느꼈을 것이다. 예수의 행적을 비롯하여 그가 생전에 따랐던 무리에게 주신 말씀이나 가르침들이 변형되거나 가감되는 경우를 종종 겪었을 것이다. 곧 예수 무리는 그들 스승의 말씀이나 가르침을 글로 남겨 후세에 전해야겠다는 사명감을 갖게 되었고, 기록의 필요성을 느끼게 되었을 것이다.

예수 무리는 그동안 입에서 입으로 전해지던 구전口傳 oral tradition

으로 된 예수 이야기들이 잊히지 않도록 하나둘 글로 남기기 시작하였다. 특히 예수 말씀들이 왜곡되어 전달되는 것이 문제였다. 초기 그리스도교 세계에서 신앙공동체들이 팔레스타인의 유대문화권과 그레꼬−로마greco-roman 세계의 헬레니즘 문화권에서 생겨나기 시작하자, 각 지역에 있던 신앙공동체들 사이에 예수를 보는 시각에 있어서 차이가 나타났다. 특히 예수가 무엇이었는가? (what was Jesus), 예수가 누구였는가?(who was Jesus) 등 예수를 보고 이해하는 다양한 시각들이 나타나기 시작하였다.

사후事後 예언

현재 신약성서에 있는 복음서를 기록한 저자들은, 예수께서 죽은 지 짧게는 40년, 길게는 70년이 지나서야 그의 행적이나 그가 남긴 말씀들을 기록했다. 물론 그 이전에 이미 문서로 작성된 여러 예수 이야기들을 수집하였고, 이를 복음서를 기록하는 자료로 활용했을 것이다.

그런데 우리는 복음서에 기록된 예수 이야기를 읽을 때 유의하지 않으면 안 되는 사항이 있다. 예수께서 직접 한 말로 되어 있지만, 실제로는 우리가 복음서를 통해 만날 수 있는 예수 말씀들은 40년이나 70년 동안 구전과 문서 전승傳承의 단계를 거친 것이라는 사실이다. 적어도 우리가 복음서에서 생생한 예수의 육성을 직접 만날 수 없다는 것은 분명한 사실이다.

복음서에서 우리가 만나는 예수 말씀들은, 예수의 말씀이면서 동시에 예수의 말씀이 아니기도 하다. 그 말씀이 예수에게 뿌리를 두고 있다는 점에서 예수 말씀이라 할 수 있을 것이다. 허나, 문서로 여러 차례 전승 단계를 거친 기록된 예수 말씀이다. 곧 예수의 입에서 떨어지는 육성을 직접 받아 적은 것이 아니라는 점에서는 예수의 말씀이라고 단정할 수 없을 것이다. 그것은 기록자의 의도가 첨가된 예수의 말씀이라고 보아야 할 것이다. 한 가지 예를 들어보자. 마가복음에는 다음과 같은 예수 말씀이 기록되어 있다.

보아라, 우리는 예루살렘으로 올라가고 있다. 인자가 대제사장들과 율법학자들의 손에 넘어갈 것이다. 그들은 인자에게 사형을 선고하고, 이방인들에게 넘겨줄 것이다. 그리고 이방인들은 인자를 조롱하고 침뱉고 채찍질하고 죽일 것이다. 그러나 그는 사흘 뒤에 살아날 것이다.(막10 : 33-34)

마가복음을 기록한 저자는 언제 생존했던 사람인가? 적어도 예수가 죽은 지 40년 뒤 로마의 어디엔가 존재했던 교회공동체에서 기록을 담당했던 서기관이었다. 그런데 마가복음 저자는 마치 그가 예수께서 지금 하고 있는 말씀을 직접 받아 적은 것처럼, 직접화법을 써서 기록하고 있다. 그가 어떻게 예수의 말씀을 이렇게 정확하게 기록할 수 있었던가? 그것은 복음서 저자가, 예수께서 나중에 어떻게 수난을 당하고 죽으셨는지에 대한 사전 정보를 미리 알고 있지 않았다면 불가능했을 것이다. 사건의 경과를 미리 알고 난 후에, 마치 예수가 '지금-여기'here and now에서 직접 발설發說하고 있는 것을 받아 적은 것처럼 기록하고 있는 예언을 일컬어 사후예언事後豫言 vaticinium ex eventu이라고 한다.

그런데 예수의 이 예언 말씀은 역사적으로 발생한 실제 재판 과정의 정황情況 context에 비추어 볼 때 내용상에 오류가 있음이 발견된다. 본문에 따른 예수의 예언을 보자. 예수에게 직접 사형선고를 내린 장본인이 누구인가? 유대인이다. 곧 대제사장들과 율법학자들로 되어 있다. 그렇다면 예수의 이 말씀은 역사적 사실에 근거한 말씀이라고 볼 수 있는가? 그렇지 않다. 로마가 식민지 지배를 하던 국가에서 피식민被植民 백성들에게 사형선고를 내릴 수 있는 권한을 지닌 사람은 누구였는가? 로마인 총독뿐이었다. 예수 당시 로마의 유대 총독은 본디오 빌라도였다. 그만이 예수에게 사형선고를 내릴 수 있는 권한을 지니고 있었다. 유대인 권력자들이라 해서 대제사장이나 율법학자들이 예수에게 사형선고를 내릴 수 없었다. 그것은 당시 사회법에 비추어 볼 때 지극히 상식에 속하는 지식이었다.

따라서 마가복음에 기록되어 있는 이 예언은, 예수의 말씀이면서 동시에 예수의 말씀이 아님을 알 수 있다. 곧 복음서 저자의 의도가 가미된 예수의 말씀이다. 복음서를 기록한 저자는 예수의 죽음을 기록하면서, 그의 죽음을 로마인이 아니라 유대인의 탓으로 돌리려고 했음을 추정할 수 있다. 복음서 저자는 예수 죽음의 직접적인 원인이 로마인 유대 총독 빌라도가 아님을 의도적으로 천명하려고 했다. 아마 복음서 저자가 예수에게 사형선고를 내릴 수 있는 사람은

33

빌라도 총독뿐임을 몰랐을 리 없을 것이다. 그럼에도 불구하고 무리하게 예수 죽음의 책임을 유대인 권력자들에게 지우고 있다.

왜 그랬을까? 로마제국의 현실 정치권력을 의식했기 때문일 것이다. 피식민 백성 중에 로마에 의해서 십자가 처형당했던 사람은 누구였는가? 로마의 식민통치에 항거했던 피식민 민중에 한해서다. 예수의 십자가 처형보다 100년 전에 있었던 스파르타쿠스 Spartacus에 의한 노예봉기 사건이 대표적이다. 예수는 로마의 정치범으로 몰렸고, 로마인 총독에 의해서 사형 판결을 받았고, 로마의 전형적인 사형 도구였던 십자가에 처형되었다. 이것이 역사적 정황에 근접한 예수 사건이다. 비록 40년 이전에 일어난 사건이라 하더라도, 로마의 현실 정치권력 하에서 생존해야 했던 마가교회 공동체의 입장에서는 예수 사건을 액면 그대로 기록할 수 없었을 것이다. 예수의 십자가 처형 사건을 역사적 정황 그대로 기록했다면, 마가교회를 로마의 반역자 예수의 추종자 집단이라는 이유만으로 핍박의 대상이 되었을 것이 뻔하다. 이런 핍박을 모면하기 위해 복음서 저자들은 예수가 죽게 된 책임을 무리하게 로마의 총독이 아닌 예루살렘 권력층인 대제사장들과 율법학자들에게로 돌렸을 개연성이 높다.

복음서는 신앙고백서인가?

복음서 저자는 도대체 어떤 동기에서 복음서를 기록했는가? 그는 복음서를 기록하면서, 마치 그가 예수의 육성을 그 자리에서 녹취하여 그대로 풀어 쓴 것처럼 기록하고 있다. 과연 복음서는 예수 육성의 녹취록을 풀어 쓴 책인가?

이를 말하기 전에 복음서 저자들은 누구인가를 먼저 알아야 할 필요가 있다. 저자들은 초기 그리스도교 시대에 예수를 하느님의 아들 그리스도로 믿고 고백하는 교회공동체 구성원 중 한 사람이었을 것이다. 그들은 자신들이 속한 교회공동체 신도들의 예수 신앙을 강화할 목적으로 그리고 나아가 예수가 메시아임을 널리 알리고 전파할 선교 목적으로 복음서를 기록했던 것이다.

복음서 저자들이 하느님의 아들 그리스도로 믿고 신앙했던 당사자는 누구였는가? 신적 존재가 아니다. 2~3년 동안 그들과 더불어 동고동락하다가, 십자가에 처형된 역사의 생존 인물 예수다. 갈릴리 출신 요셉의 아들 예수는 AD 30년경 로마의 유대 총독 빌라도에 의해서 로마의 식민통치에 위협적인 인물로 지목되어 정치범으로 몰려 십자가에 처형되었던 것이다.

한 역사적 인물인 나사렛 예수의 생애와 그를 메시아로 추앙하던 무리들의 신앙이 하나로 묘합妙合된 것이 다름 아닌 복음서라 할 수 있다. 복음서는 역사적 예수의 전기傳記만도 아니고, 교회공동체의 신앙고백서만도 아니다. 그렇다고 해서 그 둘을 떠난 다른 어떤 것이라고 말할 수도 없을 것이다.

그러면 예수 신성 신앙고백은 언제 생겨났는가? 예수 신성 교리 dogma는 로마의 황제 콘스탄티누스가 영향력을 행사했던 AD 325 년 니케아공의회Councils of Nicaea에서다. 허나, 그 뿌리는 제자들의 부활신앙에서 찾아볼 수 있을 것이다. 제자들의 예수 부활신앙이 십자가에 처형되기 이전과 동일한 형태를 지닌 신체의 부활을 의미하는 것인가?(요20 : 24-29) 예수가 죽은 후 실의에 차서 엠마오로 내려가는 길목에서 제자들은 그들의 스승을 알아보지 못하였다. 예수가 신체의 부활자로 제자들 앞에 나타났다면, 그들이 알아보지 못할 이유가 없었을 것이다. 그렇다면, 예수의 부활은 신체의 소생이 아닌 또 다른 형태에로의 존재의 변화를 뜻하는 것인가?(눅24 : 13-31)

공관복음서와 요한복음서에는 서로 상이한 부활 전승 내러티브가 내려오고 있음을 볼 수 있다. 예수의 신체 부활을 역사적 사실로 받아들이기는 힘들다 하더라도, 제자들의 부활신앙의 역사성에 대해서는 부정하지 못할 것이다. 왜 그런가? 초기 그리스도교는 제자들의 부활신앙 위에 기초하여 형성되었다는 것이 일반적인 견해이기 때문이다.(행2장) 바울은 예수의 부활 사건에 대해 다음과 같이 말한다.

내가 전해 받은 중요한 것을 여러분에게 전해드렸습니다. 그것은 곧, 그리스도께서 성경대로 우리 죄를 위하여 죽으셨다는 것과, 무덤에 묻히셨다는 것과, 성경대로 사흘 째 되는 날에 살아나셨다는 것과, 게바에게 나타나시고 다음에 열두 제자에게 나타나셨다고 하는 것입니다.(고

전15 : 3-8)

바울은, 자기가 전해 받은 것을 고린도교회 신도들에게 전해주었다고 한다. 무엇을 전해 받았다는 말인가? 예수에 관한 부활 전승이다. 누구한테 전해 받았는가? 이에 대해서 바울은 침묵한다. 바울은 부활 사건의 창시자가 아니다. 전승자이다. 바울은 예수의 부활 사건을 구약성서 예언의 성취라는 지평에서 받아들이고 있다.

구약성서의 예언이란 무엇인가? 예수께서 우리 죄를 위해 죽었다는 것이다. 바울은 이사야서의 대속적代贖的 죽음의 지평에서 예수의 죽음을 이해하고 있다.(참조, 이사52 : 13-53 : 12) 예수의 부활은 구약성서 요나서에서 이미 예언되어 있다고 했다.(참조, 요나2 : 1-2) 바울이 선포한 예수 부활 복음의 핵심은 예수가 죽으셨고, 묻히셨고, 다시 살아나셨다는 진술로 이루어져 있다. 구약성서에서 예언된 하느님의 영원하신 목적의 일부가 예수의 부활에서 성취되었고, 예수의 죽음은 죄의 용서를 위한 것이었다는 진술이 그것이다.

바울이 전해 받은 예수에 관한 부활 신앙은 초기 그리스도교 세계에서 두 가지 점에서 큰 의의를 지닌다. 예수는 하느님의 아들 그리스도라는 예수 신성 신앙의 근거가 되었고, 예수 죽음에 대한 대속적代贖的인 해석의 길을 터놓았다. 사도전통을 계승한 초기 그리스도교 세계에서 예수의 십자가 처형은 인류 죄를 대신 짊어진 대속 사건atonement event 지평에서 일종의 구원 사건으로 새롭게 해석되었다.

대속적인 구원과 부활 신앙 고백의 빛에서 역사적 예수의 삶과 가르침이 재조명되기 시작하였다. 신앙 고백적인 예수 이미지와 역사의 예수 이미지가 하나로 결합되어 지금의 복음서가 탄생되기에 이른 것이다. 예수에 대한 역사history와 신앙 고백faith confession이 함께 결합된 유형은 당대의 문학 장르에서는 찾아보기 힘든 것이었다.

AD 325년 니케아 공의회에서 예수 신성 교리가 공식적으로 선포되었고, AD 381년 로마 황제 테오도시우스에 의해 소집된 콘스탄티노플 공의회에서 삼위일체 교리가 공식적으로 채택되었으며, 기독교는 로마 국교로 선포되었다. 교황 레오1세에 의해서 주도된 AD 451년 칼케톤 공의회에서 예수는 참신이요 참인간이라는 양성兩性 신앙이 공식적인 교리로 확정되었다. 서방 그리스도교는 이러한 예수 신성 신앙의 눈으로 성서를 읽었다. 경전으로서의 성서의 권위는 확고부동했다.

15세기 구텐베르크에 의해서 활자 인쇄술이 발명되고, 종교개혁기에 접어들면서 성서는 더 이상 사제司祭들의 독점물로 남아 있을 수 없게 되었다. 성서는 라틴어가 아닌 제3국의 언어로 번역되기 시작하였다. 인문주의자 에라스무스와 종교개혁가 마르틴루터에 의해서 독일어 성경이 번역되었고, 곧 이어 흠정역欽定譯 King James' Version 성경이 영어로 번역되기에 이르렀다. 성서의 번역 과정에서 그동안 의심의 여지가 없었던 성서무오설聖書無誤說의 권위가 의심받기 시작했다. 결정적인 것은 18세기 계몽주의 시대에 들어서면서부터이다. 계몽주의 운동은 인간의 이성과 비판의 잣대로 모든 전통과 권위를 이성의 심판대에 올려놓았다. 계몽주의 사상가들은 당시만 해도 자명한 것으로 여겨왔던 중세 그리스도교의 진리의 잣대들을 이성의 잣대로 검증받도록 요구했다. 성서도 예외가 아니었다.

역사적 예수에 대한 탐구

계몽주의가 내건 슬로건인 인간 이성의 해방은 성서를 대하는 태도에 영향을 끼쳤다. 그들은 성서를 이성의 눈으로 읽기 시작하였다. 계몽주의는 성서에 나오는 기적 이야기를 자연과학의 관점에서 설명하고자 했다. 나사로의 소생 이야기는 그가 실제로 죽은 것이 아니라, 가사假死 상태에 있다가 다시 살아난 것으로 이해했고, 물 위를 걸었던 예수를 본 것은 실제 예수가 아니라 단지 예수의 환영을 본 것으로 받아들였다. 예수는 단지 삶의 지혜를 가르치는 선생으로, 그 의미가 축소되었던 것이다. 계몽주의자들에 따르면 역사적 실존 인물 예수와 사도들의 신앙 고백에서 만나게 되는 하느님의 아들 그리스도와는 구별되었다. 사도들의 신앙 고백이 담긴 '성자聖子 하느님'으로서의 그리스도 상像은 역사에서 실제로 살았던 나사렛 예수의 실제 모습과 상당한 차이를 나타낸다고 보았다. 그들은 복음서에 등장하는 예수의 초역사적 행태들을 신화 또는 전설로 취급했다.

알베르트 슈바이처는 『역사의 예수 생애 연구사』라는 책을 썼다. 그는 이 책에서 역사의 예수 생애를 재구성한 저자들은, 역사의 실재 인물 예수를 재구성한 것이 아니라, 그들이 이상형으로 삼고 있는 영웅 상을 예수에게 투영시키고 있음을 비판했다. 자유주의 신학자들의 연구는 역사의 예수 실제 모습과는 관계가 없다는 것이다. 슈바이처는 복음서에서 역사의 예수 모습을 재구성하려는 시도들은 무의미한 일이라고 단정지었다.

그 후 역사비평학historical criticism의 발달은 역사의 예수 연구에 새로운 전기轉機를 마련했다. 복음서에 등장하는 예수 생애 스토리의 윤곽은 복음서 저자들의 편집에 의한 것임이 이들에 의해서 비로소 밝혀졌다. 마가복음 저자는 그가 수집한 다양한 예수 이야기 조각들을 한 책상 위에 펼쳐놓고 정리했을 것이다. 이 자료들을 주제별로 분류하고, 시간별로 배열하여 편집을 한 다음 후, 교회의 선교 정황에 맞게 수정하고 보완하면서 그리고 첨가하고 삭제하면서 예수 이야기를 써내려갔을 것이다. 저자는 그가 속해 있는 교회 공동체가 신앙하고 있는 예수가 다름 아닌 '메시아'였다는 큰 주제를 가지고 예수 이야기를 펼쳐나갔다.

마가복음 자료

신약성서에는 네 권의 복음서가 있다. 다른 세 권의 복음서에 비해 요한복음은 다른 시각에서 예수의 생애를 조명한다. 다른 세 권의 복음서 사이에는 서로 유사한 점들이 많이 발견된다. 이미 초기 그리스도교 세계에서도 이 점에 주목하였다. 첫째, 세 복음서 사이

에 동일 내용들이 반복하여 나타난다. 둘째, 예수 공생활public life
의 줄거리가 비슷하다. 특히 예수의 수난 이야기는 전개 순서가 거
의 동일하다. 셋째, 동일한 개념이나 단어를 사용하는 부분도 상당
수 나타난다.

마가복음은 661절로 짜여 있다. 그중에 630절이 마태복음에 병
행된다. 누가복음에는 440절이 병행된다. 마태복음, 누가복음, 마
가복음은 예수 이야기를 전개하는 순서, 내용, 용어도 서로 비슷하
다. 이러한 이유를 들어 학자들은, 세 복음서를 공관복음서共觀福音書
synoptic Gospels라 부른다. 이들을 서로 대조하면서 상호관계를 분석
해보면 예수 이야기의 전체적인 윤곽을 잡는 데 도움이 된다.

또한 마태복음과 누가복음의 저자는, 예수 공생애 이야기를 펼치
는데 마가복음의 순서를 대체로 따르고 있다. 마태복음과 누가복음
의 예수 이야기 순서는 마가의 그것과 일치해야, 두 복음서 사이의
예수 이야기 순서 또한 일치한다. 마태복음의 예수 이야기 순서가
마가복음의 그것과 일치하지 않으면, 마태복음의 예수 이야기 순서
도 누가복음의 그것과 일치하지 않는다.

예를 들어보자. 마가복음은 세 번째 예수 수난 예고(막10 : 31-
34)에 이어 제자들 사이의 다투는 장면을 소개한다(막10 : 35-40).
제자들 사이의 다툼은 세배대오의 아들 야고보와 요한이 예루살렘
입성 후 어떠한 자리를 차지할 것인가를 놓고 벌인 것이었다. 허나,
누가복음은 마가복음과 달리 최후 만찬 사건(눅22 : 14-23) 이후에
제자들의 다툼 장면을 소개하고 있다(눅22 : 24-30). 누가는 마가의
순서보다 다르게 앞쪽에 배치했던 것이다. 그러나 마태복음은 수난

예고(마20 : 17-19)나 최후 만찬(마26 : 26-29)을 소개하는 데 있어서 마가복음의 순서를 따른다. 이러한 차이점들은, 마태복음과 누가복음 저자의 책상머리에는 동일한 마가복음 자료가 놓여 있었다는 것을 입증한다. 즉 마태복음과 누가복음 저자는 마가복음 자료를 대본臺本으로 펼쳐놓고, 각기 그들 나름의 편집 목적에 따라 복음서를 기록했을 때에야 가능한 일들임을 알 수 있다. 이런 관찰에 근거하여 이른바 '두 자료설'Tow Sources Hypothesis이 나오게 된다.

예수 말씀 자료설

이러한 점을 고려하면, 마태와 누가는 복음서를 저술할 때, 예수 생애 스토리에 대한 두 권의 서로 다른 대본臺本을 가지고 있었다는 것이다. 마태와 누가는 서로 모르는 상태에서 서로 다른 두 권의 같은 책을 대본으로 삼아 그들의 복음서를 써내려갔다는 것이다.

세 공관복음서 사이에 순서, 내용, 용어에 있어서 서로 일치하는 부분이 있다는 것에 대해서는 앞에서 밝힌 바 있다. 그런데 마가 자료 외에 마태복음과 누가복음에 일치하는 자료들이 또 나타난다. 마태복음과 누가복음의 본문을 비교해보면, 마가복음의 자료 외에 같은 단어로 된 본문들이 병행으로 나타난다. 이것은 두 저자가 마가복음 외에 또 다른 동일 자료를 가지고 있었다는 것을 보여준다. 이 두 번째 공통된 자료를 일컬어 학계에서는 큐Q라고 한다. 독일어로 '원천源泉'을 뜻하는 크벨레Quelle의 머리글자를 딴 것이다. 예수 말씀의 원천이라는 의미에서 큐Q로 부르게 된 것이다. 마가복음 자료와 큐Q복음 자료 외에 어떤 부분은 누가만이 가지고 있는 자료가 있다. 이를 누가복음 특수자료(SLk)라고 한다. 마태복음만이 소유하고 있는 자료들도 있다. 이를 마태복음 특수자료(SMt)라고 한다. 마태복음과 누가복음은 '작은 복음서'small Gospel인 마가복음과 큐Q복음, 그리고 특수 자료를 종합하여 하나의 '큰 복음서' great Gospel로 이루고 있다.

마태와 누가복음의 큐Q 활용

누가복음은 큐Q에서 가져온 예수 말씀 자료를 두 부분으로 나누어 활용하였다. 그는 이를 마가복음의 예수 이야기 줄거리 안에 삽입하였다. 첫 번째 단락은 누가복음 6장 20절에서 8장 3절까지이다. 두 번째 단락은 누가복음 9장 51절부터 18장 14절이다.

마태복음은 누가복음과 다르게 큐Q 자료를 활용하였다. 마태복음은 큐Q를 주제별로 나누었다. 그리고 그것을 마가복음의 주제에 맞는 부분에 삽입하는 방식을 택했다. 마태복음은 마가복음의 내용과 큐Q의 내용이 비슷하면, 이 두 자료를 종합하여 기록하였다. 예를 들면, 마가복음(막6 : 7-13)과 큐Q는 각기 서로 다른 제자들의 선교 파송 규율을 보존하고 있었다. 이를 누가는 두 개로 나누어 보도하고 있다.(눅9 : 1-6; 10 : 1-16) 허나, 마태복음은 이 두 파송 자료를 종합하여 하나로 만들어 보도하고 있다.(마9 : 35-11 : 1)

큐Q는 독립된 복음서인가?

예수 말씀 자료 큐Q는 마가복음처럼 하나의 독립된 문서 자료로 남아 있지 않다. 마태복음과 누가복음에 위치해 있는 예수 말씀들을 비교분석하여 이를 복원할 수 있을 뿐이다. 마태복음과 누가복음에 소장되어 있는 공통 자료 중, 마가복음에서 온 것을 제외시키면, 나머지 공통된 자료들이 남게 된다. 이를 살펴보면 순수한 예수 말씀만으로 구성되었음을 알게 된다. 큐Q 문서는 생전의 예수 말씀을 수집하였고, 이를 여러 차례 신학적인 편집 작업을 거쳐 구성되었다.

일반적인 복음서의 구분법에 따라 계산해 보면 큐Q복음은 대략 200개의 문장으로 구성되어 있다. 마가복음 분량(대략 600절)의 3분의 1에 해당한다. 우리에게 비교적 익숙한 산상설교의 예수 말씀들이나, 주기도문, 원수사랑 계명 등이 대표적으로 큐Q에서 유래한 자료들이다.

그러면 큐Q 문서를 과연 독립된 복음서라고 부를 수 있는가? 이것은 복음서의 규범을 어떻게 설정하느냐에 따라 달라질 것이다. 예수의 부활 이야기가 반드시 들어가 있어야 복음서라고 정의할 수 있다고 본다면, 큐Q는 복음서라고 부를 수 없을 것이다. 왜 그런가? 큐Q에는 예수의 부활 이야기가 등장하지 않고 있기 때문이다. 허나, 신학적인 의도를 가지고 편집된 예수 이야기를 총괄적으로 복음서로 규정한다면, 큐Q는 복음서의 범주에 포함될 수 있을 것이다. 1945년 이집트 나그함마디에서 발견된 도마복음은 문학 장르에 있어서 큐Q와 비슷하다. 114편의 비밀스런 예수 말씀에 의해서 구성되었다. 허나, 도마복음에도 부활 이야기는 등장하지 않는다.

바울이 전한 예수 말씀

신약성서에서 가장 오래된 그리스도교 문헌들은 예수 이야기를 담고 있는 복음서들이 아니라, 바울 서신들이다. 복음서들이 1세기 후반에 쓰였다면, 바울 서신들은 그것들보다 30여 년 전인 대략 1세기 중반에 쓰였다. 신약성서에는 바울의 이름으로 쓰인 것으로 보이는 문서가 열두 편 있다. 히브리서까지 포함시키면 열세 편이다. 신약성서 문서 스물일곱 편 중에 거의 절반에 해당되는 분량이다. 이는 초기 그리스도교 세계에서 바울이 차지하는 비중이 얼마나 컸는가를 짐작케 해준다.

열세 편의 서신 중에 바울의 친필로 인정되는 문서들은 여덟 편 정도이다. 로마인서, 갈라디아서, 빌립보서, 고린도전서, 고린도후서, 데살로니카전서, 빌립보서, 빌레몬서가 여기에 포함된다. 이 바울의 친필 편지들은 대략 50년에서 55년 사이에 쓰였다. 만약 바울의 서신들만 전해졌다면, 우리는 예수의 말씀들에 대해서 거의 알지 못했을 것이다. 바울은 그의 서신들에서 단지 네 차례에 걸쳐 예수의 말씀을 전하는 데 그친다.

결혼한 사람들에게 말합니다. 이것은 내 말이 아니라, 주님의 명령입니다. 아내는 남편과 헤어지지 말아야 합니다. 만약 헤어졌거든 재혼하지 말고 그냥 지내든지, 아니면 남편과 화해하여야 합니다. 그리고 남편도 아내와 이혼하지 말아야 합니다.(고전7 : 10-11)

이와 같이, 주께서도, 복음을 전하는 이들에게는 복음을 전하는 일로 살아가라고 지시하셨습니다.(고전9 : 14)

내가 여러분에게 전해준 것은 주님께로부터 받은 것입니다. 곧 주께서 잡히시던 날 밤에 빵을 드시고 감사를 드리신 다음 떼시고 말씀하셨습니다. '이것은 너희를 위하는 내 몸이다. 이것을 행하여 나를 기억하라.' 식후에 잔도 이와 같이 하시고 말씀하셨습니다. '이 잔은 내 피로 세운 새 언약이다. 너희가 마실 때마다 이것을 행하여 나를 기억하라.(고전11 : 23-25)

우리가 주님의 말씀으로 여러분에게 이것을 말합니다. 주께서 오실 때까지 살아남아 있는 우리가 이미 잠든 사람들보다도 결코 앞서지 못할 것입니다. 주께서 호령과 천사장의 나팔소리와 함께 친히 하늘로부터 내려오실 것이니, 그리스도 안에서 죽은 사람들이 먼저 일어나고, 그 다음에, 살아남아 있는 우리가 그들과 함께 구름 속으로 들려 올라가서, 공중에서 주님을 영접할 것입니다.(살전4 : 15-17)

만약 우리가 바울의 서신들을 통해서만 예수를 접하게 된다면, 우리가 알 수 있는 역사의 예수에 대한 지식은 극히 제한적일 수밖에 없을 것이다. 예수는 이혼에 반대하신 분이며, 최후 만찬을 행하신 분이고, 부활과 재림 신앙에 대해 묵시적 종말의 지평에서 비교적 상세하게 말씀하신 분이다. 그것이 우리가 역사의 예수 말씀에 대해 알 수 있는 전부일 것이다. 예수에 대한 이러한 정보에 의존해서는, 예수의 삶이나 가르침에 대해 별로 아는 바가 없었을 것이다.

큐Q복음의 저작 연대

바울의 친필 서신들은 대략 49년에서 56년경에 쓰였다. 복음서 내용의 정황을 고려한다면, 마가복음의 저작 연대가 70년경이다. 마가복음을 대본臺本으로 기록된 마태복음과 누가복음은 그보다 20년 내지 30년 뒤에 쓰인 것으로 추정된다.

그렇다면 큐Q복음은 언제 쓰였을까? 성서학계의 견해는 다양하다. 일반적인 견해를 따른다면, 큐Q가 최종 편집된 것은 대략 60년경으로 잡는다. 마가복음보다 10년 정도 빠른 시기에 최종 편집이 이루어졌다고 추정한다. 아마도 큐Q는 예수 사후(33년경) 부분적으로 예수 말씀들이 수집되어 60년경에 최종 편집되었을 것이다. 물론 그 이전에 한두 차례의 편집 과정(Q1; Q2)을 거쳤을 것이다.

마가복음은 예수께서 공생애 대부분을 보내신 갈릴리의 지리에 대해서 정확한 정보를 가지고 있지 못하였다. 마가복음 5장 1-20절에 나오는 '거라사'라는 지명이 대표적이다. '거라사'의 실제 지명은 갈릴리 호수에서 남동쪽으로 55km 떨어진 곳에 위치해 있다. 데카폴리스 도시 중 하나이며, 예수 시대에는 로마 군단軍團(레기온)이 주둔해 있었던 군사도시였다. 이는 마가복음을 기록한 저자가 팔레스타인 지리에 대해 정확한 지식을 갖지 못하고 있었다는 것을 입증해준다. 마가복음은 팔레스타인 밖의 어느 지역에서 쓰였음이 분명하다. 로마에서 쓰였다는 설이 유력하다.

이에 비해 큐Q복음은 갈릴리를 무대로 한 예수 말씀들로 구성되어 있다. 큐Q 문서 자료의 대부분은 주로 갈릴리 지역에서 수집되었을 것이다. 몇 차례의 편집 과정을 거쳐 최종 편집은 60년경 아마도 갈릴리와 시리아 접경지대로 추정된다. 큐Q를 전승한 서기관 그룹들은 아마도 유대전쟁(66년)을 예감하고 있던 시리아 남부 지역 유대인 디아스포라 집성촌에 뿌리를 두었던 예수 신앙공동체에 속했을 것이다.

예수의 육성 복음

예수는 BC 4년경 갈릴리 나사렛 마을의 가난한 농민 집안에서 태어났다. 그는 갈릴리 지역에서 유소년기를 보냈다. 청년기에 접어들자 그는 '하느님의 뜻'을 이루겠다는 큰 포부를 가지고 출가하였다. 그것은 사람으로 태어나 사람답게 살지 못하는 갈릴리 민중이 사람다운 삶을 살 수 있는 공동체를 세우는 일이었다. 그는 서른 즈음에 동조자들과 함께 갈릴리 농촌의 사회적 소수자들social minorities을 대상으로 하느님나라 운동을 펼쳤다. 예수는 민중과 동고동락하며 그들의 삶의 동반자로 살았다. 사람이 사람답게 사는 데 필요한 기본조건이 무엇인가? 예수는 사회적 소수자들을 대상으로 무상급식無償給食 운동과 무상치유無償治癒 운동을 펼쳤다. 자존감 갖기 운동도 벌였다. 그것은 가난과 질병으로부터 해방된 사회였다. 패배의식에서 벗어나 자존감을 갖고 사는 사회였다. 공생애 말기에 예수는 비장한 모습으로 예루살렘을 향하여 올라간다. 그는 유대사회의 모순이 집결되어 있는 예루살렘 성전 숙청을 단행한다. 이를 빌미로 그는 예루살렘의 종교 기득권층으로부터 미움을 사게 된다. 예수는 '유대인의 왕'을 참칭僭稱했다는 혐의를 받고 정치범으로 십자가형에 처해진다. AD 30(33)년경에 일어난 사건이었을 것이다.

출가 후 예수의 공생활公生活 기간은 요한복음의 계산법에 따르면 3년이지만, 공관복음서에 따르면 1년 정도이다. 공생활 기간 동안 예수는 그를 추종하는 갈릴리 민중을 상대로 하느님나라 복음을 증거하고, 가르치며, 여러 가지 비유를 들어 설명하기도 했을 것이다. 예수의 말씀들은 그가 죽은 후에도 그의 제자들에 의해서 입에서 입으로 전해내려 왔다. 구전되는 과정에서 예수의 본래 말씀들은 전승자들의 기억력의 한계 또는 의도성이 있든 없든 여러 가지 형태로 굴절되었을 것이다. 예수의 말씀들은 첨가되기도 하고 누락되기도 하면서 변형 과정을 겪게 되었을 것이다. 이러한 변형을 방지하기 위해서는 예수 말씀들을 기록으로 남기는 수밖에 없었을 것이다. 부분적으로 구전되어 오던 예수 말씀의 문서화 작업이 진행되어갔다. 당대 유대전쟁 발발 직전의 묵시종말적인 사회정치 상황

또한 예수 말씀의 문서화 작업을 부채질했던 것으로 보인다.

AD 40년경 초창기 큐Q1 문서화 작업은 지혜를 설교하는 예수 말씀을 중심으로 편집되었던 것으로 보인다. AD 50년경 중간기 큐Q2 문서화 작업은 묵시종말적인 심판을 주로 하는 예수 말씀 중심으로 편집되었을 것이다. AD 60년경 최종적으로 그리스도론이 주제를 이루고 있는 큐Q3의 문서화 작업이 마무리되었을 것이다. 큐Q 문서는 초기 그리스도교 세계의 여러 교회들에 배포되었을 것이다. 마가복음에서도 큐와 병행절이 등장한다. 도마복음에 나오는 예수 말씀 3분의 1이 큐Q의 본문과 병행된다. 큐Q를 복음서 작성에 본격적으로 활용한 것은 마태복음과 누가복음의 저자들이었다. 이들은 마가복음 다음으로 큐Q 자료를 활용하고 있다. 큐Q복음을 기록했던 신앙공동체는 AD 80년경 그와 신학사상이 비슷한 마태복음 교회공동체에 흡수되었을 것이다.

코이네 그리스어로 기록된 큐Q

예수 시대에 유대인들은 시리아의 지방어인 아람어Aramaic를 사용했다. 예수도 물론 아람어를 사용했을 것이고, 예수의 말씀의 구전 형태도 아람어였을 것이다. 아람어로 구전되어 오던 예수 말씀들은 문서로 정착되는 과정에서 코이네 그리스어koine Greeks가 사용되었다. 코이네 그리스어는 시리아를 거점으로 로마제국 근동 지방의 일반 민중 사이에 널리 쓰였던 공용어였다. 당시 초기 그리스도교 세계의 문서화 작업들은 대부분 코이네 그리스어로 진행되었다. 큐Q복음이 아람어나 히브리어로 작성되지 않고 처음부터 국제 공용어인 코이네 그리스어로 쓰였다는 것은 행운이 아닐 수 없었다.

큐Q와 도마복음

큐Q의 예수 말씀이 코이네 그리스어 문서로 정착되어가는 과정이, 도마복음에도 동일하게 일어났다. 도마복음도 구전 단계에서는 아람어로 쓰였을 것이다. 아람어로 구전되어 오던 예수 말씀이 문서로 정착되는 과정에서 코이네 그리스어가 사용되었다. 옥시린쿠스 도마복음 사본이 이를 입증한다. 그리스어 도마복음은 3세기경 고대 이집트어인 곱트어Coptic로 번역되어 오늘에 이르고 있다. 도마복음은 사도 정통 복음서들과는 다른 영지주의Gnosticism 문화권에서 태어났다. 도마복음은 구원의 조건으로 예수에 대한 믿음을 강조하지 않는다. 예수의 말씀들을 바르게 깨달음으로써 죽음을 맛보지 않게 된다. 순수하게 예수 말씀으로 구성된 그리스어로 된 초기 도마복음의 자료들은 아마도 50년경 큐Q와 같은 시기에 존재했던 것 같고, 최종 편집은 요한복음과 거의 같은 시기인 100년경이었을 것으로 추정된다. 도마복음은 4세기 초에 곱트어로 번역되었을 것이다. 도마복음은 1945년 이집트 나일강 유역 나그함마디Nag Hammadi에서 발견됨으로써 햇빛을 보게 되었다. 무려 1600여 년 동안 땅속에 묻혀 있었던 것이다. 도마복음의 발견으로 그동안 불

확실한 가설假說로 여겨졌던 큐Q 자료의 존재도 확실하게 되었다.

역사적 예수에로의 통로

큐Q복음서의 재구성을 통해서 우리는 두 가지 사항을 알게 되었다. 첫째, 초기 그리스도교의 예수 메시아 신앙고백, 곧 예수는 신성을 지닌 하느님의 아들 그리스도라는 색안경을 벗어놓고 진정한 예수 말씀을 만날 수 있게 되었다. 큐Q는 물론 진정한 예수 말씀들은 아니다. 허나, 큐Q를 통해서 케리그마화된 예수가 아니라, 역사적으로 실존했던 인물 나사렛 예수의 육성에 보다 근접할 수 있는 통로를 얻게 된 셈이다. 둘째, 초기 그리스도교 세계에는, 우리가 현존 신약성서에서 만나게 되는 사도정통교회의 신앙 전통만이 존재했던 것이 아니었음을 알게 되었다. 곧 그레꼬-로마Greco-Roman 세계의 도시 사람들을 대상으로 선교했던 예루살렘교회와 바울교회의 선교 외에도, 갈릴리와 시리아 접경 지역의 가난한 농촌마을 사람들을 대상으로 선교했던 그리스도교 공동체가 존재했음을 알게 되었다. 사도정통교회공동체가 하느님의 아들 예수 그리스도를 신으로 떠받드는 제의祭儀에서 자기 정체성을 확보했다면, 큐Q공동체 구성원들은 예수의 삶과 가르침을 그들의 현장에서 실천하고 사는데서 예수와의 동일성同一性 identity을 찾았던 것이다.

제2장 큐Q의 예수 이미지

큐Q의 문학적 구성

　큐Q 문서는 예수 말씀만을 수집하여 모아놓은 일종의 말씀 수집록이다. 큐Q에는 우리가 마가복음에서 만나게 되는 예수에 대한 이야기가 거의 눈에 띄지 않는 것이 특징이다. 그렇다면 큐Q는 예수 말씀을 무작위적으로 수집하여 모아놓은 것에 불과한가? 큐Q는 교회 신앙교육의 필요성에 의해 작성된 일종의 문답집에 불과한 것인가? 단순히 그렇게만 볼 수는 없을 것이다. 큐Q 또한 다른 복음서 저자들과 마찬가지로 일정한 신학적 의도와 주도면밀한 구상을 가지고 편집되었기 때문이다.

　큐Q는 복음서 모두冒頭에서 예수의 길 닦는 자로 온 요한 세례자의 등장을 언급함으로써 복음서의 문을 연다. 이어서 예수는 성령

에 이끌리어 유다광야로 나아간다. 광야에서 40일 동안 금식했을
때, 악마가 등장하여 예수를 유혹한다. 악마의 유혹을 물리친 예수
는 갈릴리 민중을 대상으로 첫 설교를 한다. 큐가 전하는 예수의 첫
설교는 가난한 사람들에 대한 축복 선언이다. 예수는 그들을 하느
님나라의 수혜자로 선포한다. 그리고 묵시종말적 미래에 대한 전망
으로 큐Q복음은 마무리 된다.

제1장 : 요한 세례자와 예수의 관계(Q3 : 2-7 : 35)
　　　　요한 세례자의 설교(Q3 : 2b-17)
　　　　예수 수세와 광야유혹(Q3 : 21ff; 4 : 1-13)
　　　　예수의 첫 설교(Q4 : 16; 6 : 20-49)
　　　　이방인의 믿음(Q7 : 1-10)
　　　　요한과 예수(Q7 : 18-35)

제2장 : 인자人子의 파송(Q9 : 57-11 : 13)
　　　　예수를 따름(Q9 : 57-60)
　　　　추수할 일꾼의 파송(Q10 : 2-16)
　　　　아들의 비밀(Q10 : 21-24)
　　　　주기도문(Q11 : 2b-4.9-13)

제3장 : 예수와 '이 세대'와의 갈등(Q11 : 14-52)
　　　　바알세불 논쟁(Q11 : 14-26)
　　　　요나의 표적(Q11 : 16.29-35)

큐Q교회의 관심

　복음서 저자들은 수집한 예수에 대한 전승 재료들을 그들이 속한 교회공동체의 신앙고백과 신학적인 의도에 따라 예수 이야기를 구성하고 편집하였다. 큐Q복음도 마찬가지다. 예수 말씀을 받아 적은 강의노트가 아니다. 큐Q복음은 기록한 저자는 그 속한 교회 공동체의 신학적 입장에 따라 복음서를 기록했다. 큐Q의 떠돌이 선교사들은 그들의 선교 상황에서 중요하다고 생각되는 예수 말씀들을 모아 일종의 선교 강령을 작성한다. 제자 파송에 관한 규율들, 양을 이리 가운데 파송함, 추구할 일꾼에 대한 말씀 등이 그것이다. 이러한 전승 자료들에 의거하여 우리는 초기 그리스도교 큐Q 공동체의 선교 상황이 얼마나 열악했는지를 짐작할 수 있다.

큐Q 문서에서 예수 말씀들은 문체가 장황하지 않고 단순하다. 주석이나 토를 달지 않는다. 허나, 개념 선택이나 편집 순서를 보면, 신학적 의도가 선명하게 드러난다. 마가복음이 예수의 행태 위주로 복음서를 기록하고 있다면, 큐Q복음은 생전의 예수 말씀 위주로 기록되어 있다. 누가복음 저자는 그 이전에 입수된 여러 사람들에 의해서 기록된 예수 이야기들이 역사적으로 신뢰할 만한 것이 못된다고 판단했던 것 같다. 복음서 저자는 새로 수집한 예수 이야기 자료들에 근거하여 가장 신뢰할 만한 역사의 예수 이야기를 기록하겠다고 한다. 아마도 마가복음과 큐Q 문서를 염두에 두고 있는 것이리라.

'사람의 아들' 예수

일반적으로 사도정통교회에서 사용되는 예수 칭호 가운데 익숙한 것은 무엇인가? '그리스도' 또는 '하느님의 아들'일 것이다. 허나, 이러한 칭호들이 큐Q에는 나타나지 않는다. 마가복음은 "하느님의 아들 예수 그리스도의 복음의 시작"이라는 말로 시작된다. 마가교회 공동체가 신앙하고 있는 예수가 다름 아닌 하느님의 아들 그리스도임을 증언하기 위해 복음서가 쓰였음을 알리고 있는 것이다. 복음서 말미에서 저자는 로마인 백인대장의 입을 빌려 십자가에 처형된 예수야말로 진정 하느님 아들이었음을 고백하게 한다. "이 사람은 진실로 하느님의 아들이었구나!"(막15 : 39)

허나, 큐Q 문서에 따르면 '하느님 아들'이나 '그리스도' 칭호는 예수에게 생소하다. 오직 한 군데에서 하느님 아들이 등장한다. 예수께서 공생활public life을 시작하기 전 유대 광야에서 사탄에게 시험받는 장면을 큐Q는 소상하게 소개한다.

네가 만일 하느님의 아들이거든, 명하여 이 돌들이 떡덩이가 되게 하라…네가 만일 하느님의 아들이거든 뛰어내리라.(Q4 : 1-14/마4 : 1-11)

본문에서 사탄에 의해서 반복되어 진술되고 있는 '하느님의 아들'은 그리스도론적인 칭호라기보다는 하느님의 자녀로서의 참 이스라엘을 지시한다고 보는 것이 더욱 타당할 것이다. 이러한 사탄의 유혹을 예수는 물리친다. 돌을 떡으로 만드는 일이나 예루살렘 성전 꼭대기에서 뛰어내리는 일과 같은 기적을 행해서가 아니다. 하느님에 대한 전적인 신뢰의 말씀으로 물리친다. 큐Q에 따르면, 예수는 기적을 행해서가 아니라, 하느님의 말씀에 대한 전적인 신뢰를 통해 그의 정체성identity을 드러낸다.

십자가와 부활은 복음의 핵심인가?

마가복음 저자는 복음서 앞부분(1장-7장)을 예수의 갈릴리 민중 선교를 소개하는 데 할애하고 있다. 예수의 수난 이야기는 거의 등 장하지 않는다.(참조, 막3 : 6) 이와 달리 복음서 뒷부분(8장-16장)에 서는 예수의 수난과 십자가 처형에 대한 이야기를 전하는 데 할애 되고 있다. 그런 의미에서 마가복음은 일종의 '확대된 수난 복음 서'라 불러도 무방할 것이다.

바울은 어떤가? 그는 십자가에 처형된 예수 그리스도 외에는 아 무 것도 알지 않기로 다짐했다고 밝힌다.(고전2 : 2) 십자가의 도道 (로고스)는 멸망당할 자에게는 어리석게 보이지만 구원받는 우리에 게는 하느님의 능력이라고 말한다.(고전1 : 18) 부활 사건 또한 복음 의 핵심임을 바울은 분명히 밝힌다.

그리스도께서 만일 살아나지 않으셨다면, 우리가 전파하는 것도 헛것 이요, 또 너희 믿음도 헛것이며, 또 우리가 하느님의 거짓 증인으로 발 견되리니 우리가 하느님이 그리스도를 다시 살리셨다고 증거하였음이 라.(고전15 : 14-15)

이와 같이 바울은 십자가와 부활을 두 기둥으로 삼아 복음을 전

제2장 큐Q의 예수 이미지

파했다. 바울에게 복음은, 곧 십자가와 부활의 복음을 뜻한다.

그러면 큐Q 문서에서도 십자가와 부활사건이 중요하게 다루어지고 있는가? 그렇지 않다. 큐Q 어디에도 예수의 수난에 관한 이야기가 직접 나타나지 않는다. 예수의 부활에 대한 이야기 또한 큐Q에서는 찾아볼 수 없다. 허나 큐Q에는 예수의 수난이 암시되고 있음을 볼 수 있다. "누구도 자기 십자가를 짊어지고 나를 따르지 않는 사람은 나의 제자가 될 수 없다."(Q14 : 27/마10 : 38) 큐Q가 전하는 이 예수의 말씀은 무엇을 뜻하는가? 예수를 따르려고 하는 사람은 온갖 박해와 고통을 당하게 될 것을 각오해야 한다는 뜻으로 풀 수 있을 것이다. 허나, 이 말씀 속에는 예수의 십자가 처형사건이 암시되어 있다고 볼 수도 있을 것이다. 큐Q는 예수의 십자가 처형을 구약의 예언자들이 당한 수난의 지평에서 재해석하고 있다.

예루살렘아! 예루살렘아! 너는 예언자들을 죽이고, 너에게 보낸 사자들을 돌로 치는구나! 암탉이 병아리를 날개 아래 모으듯이, 내가 그토록 네 자녀들을 모으려고 하였으나, 너희는 원하지 않았다. 보아라. 너희 집은 황폐하게 버린바 될 것이다. 내가 너희에게 말한다. 너희가 '주의 이름으로 오시는 분은 복되도다'라고 말하는 그때까지 너희는 나를 다시는 보지 못할 것이다.(Q13 : 34-35/마23 : 37-39)

그러므로 내가 너희에게 예언자들과 지혜 있는 자들과 서기관들을 보내매, 너희가 그중에서 더러는 죽이고, 십자가에 처형하고, 그중에 더러는 너희 회당에서 채찍질하고, 이 동네에서 저 동네에로 구박하리라. 그러므로 의인 아벨의 피로부터 성전과 제단 사이에서 너희가 죽인 바라가의 아들 사가라의 피까지 땅 위에서 흘린 의로운 피가 다 너희에게 돌아가리라.(Q11 : 49-51/마23 : 34-36)

이스라엘은 하느님께서 파송한 예언자들을 박해하고 죽였다는 것이 구약성서가 증언하고 있는 바이다. 마찬가지로 예수 또한 이러한 방식으로 죽임 당했다는 것이다.

땅위를 걸어 다니는 '인자'

큐Q에서는 '하느님 아들' 대신에 인자人子 son of man가 예수에 대한 호칭으로 즐겨 쓰인다. '사람의 아들'로 번역된 그리스어 '휘오스 투 안쓰로푸hyios tou anthropou'는 히브리어 '벤 아담'ben adam 또는 '바 에노쉬bar enosh'에서 유래한다. 단순한 '사람' 또는 '사람의 자식'을 뜻한다. 예수는 스스로를 '인자人子'라고 불렀다.

한 사람이 예수께 말했다. '어디든지 당신을 따르겠습니다.' 예수께서 그에게 말씀하셨다. '여우는 굴이 있고, 하늘을 나는 새도 보금자리가 있다. 그러나 인자人子는 머리 둘 곳이 없다.'(Q9 : 57-58/마8 : 18-20/)

인자를 인하여 사람들이 너희를 미워하고 멀리하고 욕하고 너희 이름

을 악하다 하여 버릴 때에는 너희에게 복이 있다.(Q6 : 22/마5 : 11)

인자는 와서 먹고 마시매, 말하기를 보라, 먹기를 탐하고 포도주를 즐기는 사람이요, 세리와 죄인의 친구로다 하니, 지혜는 그 행한 일로 인하여 옳다함을 인정받는다.(Q7 : 34/마11 : 19)

요나가 밤낮 사흘을 큰 물고기 뱃속에 있었던 것 같이, 인자도 밤낮 사흘을 땅속에 있으리라.(Q11 : 30/마12 : 40)

내가 또한 너희에게 말하노니, 누구든지 사람 앞에서 나를 시인하면, 인자도 하느님의 사자들 앞에서 저를 시인할 것이오, 사람 앞에서 나를 부인하는 자는 하느님의 사자들 앞에서 부인함을 받으리라.(Q12 : 8-9/마10 : 32)

누구든지 말로 인자를 거역하면 사하심을 받으려니와, 성령을 모독하는 자는 사하심을 받지 못하리라.(Q12 : 10/마12 : 32)

이상의 큐Q 구절에 등장하는 인자는 '나'로 대체한다 해도 의미상의 변화는 없다. 인자 예수는 스스로를 머리 둘 곳 없이 생활하는 떠돌이 예언자이다. 인자 예수는 민중과 더불어 스스럼없이 먹고 마시며 세리와 죄인의 친구이다. 인자 예수는 사회의 소수자들과 동고동락하며 그들의 삶의 동반자이기도 하다. 이러한 경우에 큐Q의 예수는 스스로를 인자로 소개한다.

'오실 그분' 인자

앞에서 살펴본 바와 같이 큐Q에서 인자는 예수의 일인칭인 '나'의 또 다른 표현이었다. 허나, 그것은 동시에 3인칭으로서 '그'를 나타내기도 한다. 제3인칭으로 쓰인 인자는 묵시종말의 심판 때에 '오실 그분'을 지칭한다. 이는 다니엘서의 인자 표상과 연관성이 있다. 다니엘서는 2세기 초에 쓰인 작품이다. 당시 팔레스타인은 시리아 셀류커스 왕조Seleucides의 지배를 받고 있었다. 셀류커스의 왕 안티오쿠스 IV는 헬라의 문화를 팔레스타인에 널리 확장시키는 것을 사명으로 알고 있었다. 이를 위해서 그는 BC 167년 야훼신앙 금지 칙령을 내려 유대인들로 하여금 야훼종교를 더 이상 믿지 못하도록 하였다. 이러한 종교적 박해 가운데서 유대인들은 묵시적 종말 신앙을 그 돌파구로 삼았다. 세상 마지막 날에 야훼 하느님께서 그들을 이방인의 압제로부터 구원해주리라는 희망이 그것이다. 묵시종말의 날에 심판자로 오실 분이 다름 아닌 인자이다. 다니엘은 환상 가운데서 세계를 심판하기 위해 하늘로부터 내려온 인자의 모습을 보고 있다.

내가 밤에 이러한 환상을 보고 있을 때, '인자 같은 분(*ki bar anosh*)'이 오는데, 하늘 구름을 타고 와서, 옛적부터 계신 분에게로 나아가, 그 앞에 섰다. 옛적부터 계신 분이 그에게 권세와 영광과 나라를 주셔서, 민족과 언어가 다른 뭇 백성이 그를 경배하게 하셨다. 그 권세는 영원한 권세여서 옮겨가지 않을 것이며, 그 나라가 멸망하지 않을 것이다.(단7 : 13-14)

그러면 큐Q에서는 묵시종말적 인자의 옴은 어떤 맥락에서 나타나는가? 심판자 인자의 도래에 대한 돌발성이 강조되고 있음을 볼 수 있다. 인자의 도래는 인간의 예측을 불허한다. 인간이 가장 안전하다고 생각하는 바로 그날에 인자는 도래한다는 것이다.

이러므로 너희도 예비하고 있으라. 생각지 않은 때에 인자가 오리라 하시니라.(Q12 : 40/마24 : 44)

번개가 하늘 아래 이편에서 번뜩하여 하늘 아래 저편까지 비침같이, 인자도 자기 날에 그러하리라.(Q17 : 24/마24 : 27)

노아의 때에 된 것 같이, 인자의 때에도 그러하리라. 노아가 방주에 들어가던 날까지 사람들이 먹고 마시고 장가들고 시집가더니, 홍수가 나서 저들을 다 멸하였으며, 또 롯의 때와 같으리니, 사람들이 먹고 마시고, 사고팔고 심고 집을 짓더니, 롯이 소돔에서 나가던 날에 하늘로서 불과 유황이 비 오듯 하여 저희를 멸하였느니라. 인자의 나타나는 날에도, 이러하리라.(Q17 : 26-30/마24 : 37-39)

위 본문들에서 예수는 인자를 자기 자신과 일치시키지 않는다. 제3자를 가리킨다. 허나 큐Q에서는 묵시적 종말의 날에 심판자로 오실 인자를 예수와 일치시킨다. 우리가 예수와 어떤 관계를 맺고 사느냐가 마지막 날의 구원과 심판을 결정한다는 것이다. 천사들 앞에서 인자에 의해서 인정받기를 원하는 사람에게는 하나의 조건이 있다고 한다. 먼저 사람들 앞에서 예수를 인정해야 한다는 것이다. 그것은 곧 예수 말씀을 인정한다는 것을 뜻한다. 예수의 말은 마지막 심판의 때에 절대적인 기준이 되기 때문이다.

> 내 말을 듣고 그것을 행하는 사람은, 집을 바위 위에 짓는 것과 같다. 비가 쏟아지고, 홍수가 나서 집을 덮쳐도 집은 무너지지 않는다. 바위 위에 세워졌기 때문이다. 허나, 내 말을 듣고 행하지 않는 사람은 모래 위에 집을 짓는 사람과 같다. 비가 쏟아지고 홍수가 나서 집에 부딪히면 집은 금방 무너져 내릴 것이다.(눅6 : 46-49/마7 : 24-27)

큐Q 저자는 예수가 묵시종말의 날에 세상의 심판주로 오실 인자라는 확신을 가지고 있었던 것 같다. 마지막 때에 구원을 받을 수 있는지 여부는, 인자 예수의 말씀을 듣고 행하는가 또는 행하지 않는가에 달려 있다. 바로 이러한 연유에서 큐Q 저자는 그동안 구전되어 내려오던 예수 말씀들을 기록으로 남기기 위해 복음서 편집 작업에 박차를 가했을 것이다.

솔로몬보다 크신 분

큐Q는 인자 예수를 땅위에서 걸어 다니는 사회적 소수자들의 삶의 동반자로서 이해했다. 동시에 묵시종말의 날에 심판주로 오실 인자로 선언했다. 큐Q에서 구원의 기준은 예수에 대한 신앙이 아니다. 인자 예수의 말씀을 듣고 실천하는 삶을 사느냐가 구원과 심판을 가르는 잣대이다. 이와 아울러 큐Q는 예수와의 만남 자체를 행운으로 생각한다. 그와의 만남은 어느 것에도 비교할 수 없는 큰 축복이라는 것이다.

> 너희가 보는 것을 보는 눈은 복이 있다. 너희에게 말한다. '많은 예언자와 왕들이 너희가 보는 것을 보고자 했으나 보지 못했고, 너희가 듣는 것을 듣고자 했으나 듣지 못했다'.(Q10 : 23-24/마13 : 16-17)

이 구절에는 묵시종말적 메시아의 날에 대한 기대와 희망이 담겨 있다. 큐Q보다 1세기 전에 작성된 후기 유다교 문헌인『솔로몬의 시편』에는 이와 유사한 내용의 예언이 나온다. "그날에 살아있게 될 사람들은 복이 있다. 그는 다음 세대를 이끌어갈 구원의 주님을 볼 수 있을 것이다."(18 : 6)

『솔로몬 시편』에서 예언한 메시아의 날에 대한 예언이 예수에게서 성취되었음을 위의 큐Q 본문은 말하고 있다. 허나, 예수와 동시대를 살아가고 있는 사람들은 예수의 존재가 갖는 이러한 구원사적 의미를 깨닫지 못한다.

심판의 날에 남국의 여왕이 이 세대와 함께 부활하여 이 여왕이 이 세대를 단죄할 것이다. 이 여왕은 솔로몬의 지혜를 들으려고 땅 끝에서 왔기 때문이다. 허나, 보라! 솔로몬보다 더 큰 분이 여기 계시다. 심판 때에 니느웨 사람들이 이 세대와 함께 부활하여 그들이 이 세대를 단죄할 것이다. 왜냐하면 그들은 요나의 설교를 듣고 회개하였기 때문이다. 허나, 보라! 요나보다 더 큰 분이 여기 계시다.(Q11：31-32/마12：41-42)

솔로몬으로 대표되는 으뜸가는 지혜와 요나로 대표되는 으뜸가는 회개의 설교조차도 인자 예수에 비한다면 아무 것도 아니다. 큐 Q의 인자 예수는 이들 보다 크신 분이기 때문이다.

요나의 표적

그때에 서기관과 바리새인 몇 사람이 말하되, 선생님, 우리에게 표적을 보여주소서. 예수께서 대답하시되, 악하고 음란한 세대가 표적을 구하나, 예언자 요나의 표적 밖에는 보여줄 표적이 없다. 요나가 밤낮 사흘을 큰 물고기 뱃속에 있었던 것 같이, 인자도 밤낮 사흘을 땅속에 있을 것이다.(Q11：29-30/마12：40-41)

마태는 요나의 표적을 예수의 죽음과 부활을 나타내는 상징으로 이해하고 있다. 요나는 하느님의 명령을 거역하다가 물고기에게 먹혀 뱃속에서 사흘 동안 갇혀 있었다. 이것은 예수가 죽은 후 사흘 동안 매장되어 있었다는 것에 대한 일종의 알레고리로 삼고 있다. 큐Q의 본문에서 요나가 니느웨 사람들에게 회개를 촉구하는 설교를 한 것 같이, 인자 예수도 동시대인들에게 하느님나라의 도래 앞에서 회개의 삶을 살 것을 촉구할 것이다.

예수는 메시아인가?

큐Q는 예수를 묵시종말적 지평에서 인자로 선포했다. 그는 마지막 때, 세상의 심판주로 오실 분이라는 것이다. 앞에서 살펴본 바와 같이 큐Q는 동시에 예수께서 이스라엘 역사에서 지혜의 상징인 솔로몬과 예언의 상징인 요나보다 큰 분임을 말한다. 이러한 점들을 고려할 때, 큐Q는 인자 예수를 유대의 지혜와 예언의 지평에서 해석하고 있음을 볼 수 있다. 큐Q가 전하는 예수의 하느님나라 메시지는 유대인의 회개를 촉구한다. 일반적으로 큐Q에서 이방인은 본받아서는 안 될 부정적인 이미지로 소개된다. 의식주에 대한 염려와 근심으로 가득 찬 사람을 일컫는다.(Q6 : 34/마5 : 47) 물론 예외가 있기는 하다. 가버나움의 이방인 백인대장의 이야기가 그것이다.(Q7 : 1-10/마7 : 28-29; 8 : 5-13) 이것은 이스라엘의 불신앙을 부끄럽게 하기 위한 사례로 등장한다.

큐Q의 담백한 그리스도론

큐Q가 전해주고 있는 예수 이미지에는 사도정통교회의 그것과 사뭇 다르다. 화려한 신적神的 후광後光을 찾아볼 수 없다. 예를 들면 하느님의 아들이라거나 신적 로고스 사상을 찾아볼 수 없다. 예수는 하느님의 본체本體라거나, 참 사람이며 참 하느님이라는 교리도 찾아볼 수 없다. 물론 예수는 성령으로 잉태하였고, 처녀 마리아의 몸에서 탄생했다는 이야기도 없다. 우리 죄를 대신해 죽으셨다는 대속代贖 신앙도, 부활 신앙도 찾아볼 수 없다. 이와 같이 사도정통교회와 그들의 신앙을 계승하고 있는 초기 그리스도교 교리에서 찾아볼 수 있는 화려하고 찬란한 신화적 후광을 입은 예수 이미지를 큐Q에서는 찾아볼 수 없다.

또한 큐Q에서는 공관복음서에서 하느님나라 선교의 중요한 부분을 담당하고 있는 기적행위자로서의 예수 상像이 등장하지 않는다. 병든 사람을 고치는 치병자治病者 또는 귀신을 내쫓는 축귀자逐鬼者 예수 상을 큐Q에서는 찾아볼 수 없다. 죽은 자를 살린다거나 죄를 용서해주는 예수 상도 찾아볼 수 없다. 예수의 이미지에 첨가된 이러한 신화적 후광을 지닌 수사修辭 rhetoric들은, 초기 그리스도교 세계가 정착되고 로마제국 하에서 제도화되면서 후대에 형성된 신학적인 반성의 산물이라고 볼 수 있을 것이다.

마가의 예수 이야기

마가는 복음서 서두에서 "하느님의 아들 예수 그리스도의 복음의 시작"(1 : 1)이라는 표제어를 달고 있다. 복음서를 쓴 목적이 예수가 '하느님의 아들'이라는 것을 입증하기 위해서라는 것이다. 마가복음은 예수가 하느님의 아들 그리스도임을 입증하는 데 있어서 일반적인 메시아 패러다임을 답습하지 않는다. 유대인들이 대망하고 있던 일반적인 메시아 상像은 무엇이었는가? 유대민족을 외세의 압제로부터 해방시켜줄 정치적 메시아political Messiah였다. 승리와 영광의 표상이었다.

허나, 마가복음은 예수의 메시아 됨을 승리와 영광에서 찾지 않는다. 오히려 그와 반대로 예수의 하느님나라 운동의 실패와 좌절, 그리고 그의 수난과 십자가 처형에서 찾는다. 예수는 하느님나라 실현이라는 목표를 달성했기 때문에 하느님 아들 그리스도가 된 것이 아니다. 예수의 하느님나라 운동에서는 목표 달성보다도 그 과정이 더욱 중요하다. 수난의 과정에서 우리는 무엇을 볼 수 있는가? 예수의 성실함이다. 내 뜻이 아니라 하느님 뜻을 이루기 위한 예수의 성실한 삶의 자세를 우리는 그의 수난사에서 만나게 된다. 마가복음 저자는 예수의 하느님 아들 그리스도 됨을 그의 성실한 삶의 자세에서 찾고 있다. 삶의 가치를 목적론이 아니라 과정론에서 보았던 것이다. 우리는 마가복음에서 그리스도론의 이러한 패러다임 전환을 찾아볼 수 있다. 마가는 복음서 전체 분량의 3분의 1 이상을 예수의 수난이야기를 수난사에 할당하고 있다. 예루살렘에로 들어가는 길목에서 예수는 제자들에게 세 번씩이나 그가 앞으로 닥치게 될 수난에 대해 예고한다.(막8 : 31; 9 : 31; 10 : 32-34) 예루살렘에 들어가 성전 숙청 사건이 있은 후, 예수는 예루살렘 고위층이 자기를 죽이려고 한다는 사실을 여러 차례 환기시킨다.(막11 : 18; 12 : 12; 14 : 1-2)

독자들은 마가복음을 펴 들자마자, 예수가 하느님의 아들 그리스도로 선포되고 있음을 임을 금방 알아차릴 수 있다. 요단강에서 예수는 요한에게 세례를 받는다. 물 위로 올라오는 장면에서 하늘이 열리고 천어天語가 들린다. "너는 내 사랑하는 아들이오, 내가 기뻐하는 자다."(막1 : 11) 그런데 이 소리를 주변에 함께 있던 사람들은 듣지 못하고, 오로지 예수만이 듣는다.

예수의 정체正體를 제일 먼저 알아본 자들은 누구인가? 제자들이 아니다. 귀신들이다.(막1 : 26-27; 3 : 11-12; 5 : 7) 귀신들이 예수가 '지극히 높은 분의 아들'임을 고백하자, 예수는 그 말씀을 절대로 발설하지 못하도록 침묵 명령을 내린다.

마가는 복음서 8장에서, '하느님의 아들 메시아' 주제와 '수난의 메시아' 주제를 하나로 결합시켜 보도한다. 예수께서는 제자들을 데리고 트란스 요르단 지역의 가이샤라 빌립보 마을을 지나치고 있었다. 그때 예수께서 제자들에게 묻는다. "사람들이 나를 누구라고 하는가? 세례 요한이라 하는 사람도 있고, 엘리야라 하는 사람도 있고, 예언자 중 한 분이라고 말하는 사람이 있습니다."(27-28절) 그러자 예수는 제자들에게 묻는다. "그러면 너희는 나를 누구라고 생각하는가?" 이때 제자를 대표해서 베드로가 대답한다. "선생님은 그리스도이십니다."(29절)라고 한다. 예수는 제자들에게 이 말을 누구에게도 발설하지 말라고 한다. 그러면서 예수는 인자가 수난당하게 될 것을 예고한다. "인자가 많은 고난을 받고, 장로들과 대제사장들과 서기관들에게 버린바 되어 죽임을 당하고 사흘 만에 살아나야 할 것을 비로소 저희들에게 가르쳤습니다."(31절)

예수의 메시아 됨을 공개하는 데 있어서, 마가복음의 특징 가운데 하나는 제자들의 무지無知 장면이다. 이미 8장 29절(베드로의 고백) 이전에도 예수께서는 그토록 많은 기적을 행하고 병자들을 고쳤다. 허나, 그 많은 기적을 보고도 제자들은 예수가 메시아라는 사실을 알지 못한다. 예수께서 인자人子가 수난당할 것을 예고하자, 베드로가 펄쩍 뛰며 그럴 수 없다고 항변한다. 그런 베드로를 바라보며 예수는 정색을 하며 꾸짖는다. "사탄아, 물러가라. 네가 하느님의 일을 생각하지 아니하고 도리어 사람의 일을 생각하고 있다"고 한다.(33절) 제자들이 이해하지 못하자, 예수는 다시 한 번 인자가 수난당해야 할 것을 예고한다. 허나, 제자들을 그 말씀을 깨닫지 못한다.(9 : 31-32) 예수에 대한 제자들의 무지가 극명하게 드러난다.

예수가 메시아라는 사실이 처음으로 공식석상에서 공개되는 것은 산헤드린 재판 과정에서다.(14 : 61-62) 재판 과정에서 대제사장이 예수께 심문한다. "네가 찬송 받을 분의 아들 그리스도냐?"(61절) "그렇다."(62절) 재판 과정에서 예수가 메시아임을 스스로 자인한 셈이다. 이 예수의 답변이 그를 죽음으로 몰아간다. 예수는 '유대인의 왕'을 참칭한 죄로 사형언도를 받게 된다.(막15 : 26) 사형선고를 받고 십자가에 처형되는 장면을 바라보고서야 로마 백인대장은 예수가 메시아였음을 고백한다. "진실로 이 사람이 하느님의 아들이었구나!"(15 : 39) 예수가 하느님의 아들 메시아 됨이 만천하에 공개된 것은, 이방인에 의해서였다. 로마와 유대 기득권층에 의해 수난을 당하고 십자가에 처형당한 예수가 곧 우리가 신앙하는 하느님의 아들 그리스도임을 마가의 복음서에서 주장하고 싶었을 것이다. 승리의 메시아가 아니라. 패배의 메시아이다. 영광의 메시아가 아니다. 수난의 메시아이다. 수난당하고 결국 십자가에 비참하게 처형된 패배자 예수야말로 진정한 하느님의 아들 메시아이다. 이것이 마가복음이 전하고자 한 메시아 상像의 패러다임 전환이다. 이러한 패배와 수난의 메시아 상은 마가복음 공동체가 놓인 사회역사적 정황과 분리해서 생각될 수 없을 것이다. 마가복음은, 5년 동안 팔레스타인 유대인들의 전쟁의 참화로 몰아넣었던 유대전쟁(66-70)이 끝난 AD 70년경에 쓰였다. 전쟁은 유대인의 비참한 패배로 막을 내렸다. 전쟁 직후 유대인 민중의 삶이란 비참함 그 자체였을 것이다. 유대 민중을 선동하여 전쟁을 부추겼던 젤롯당의 정치적 메시아 이데올로기나 승리와 영광의 메시아주의에 대해 마가복음 저자는 깊은 회의를 가지게 되었을 것이다. 이런 유대인 민중이 겪어야 했던 전쟁의 참화와 마가복음의 '수난의 메시아' 상像은 서로 무관하지 않을 것이다. 마가복음은 AD 70년 유대전쟁으로 인하여 로마인들에 의해 인간으로서의 삶을 유린당한 유대 민중과 40년 전 로마제국에 의해 정치범으로 십자가에 처형된 예수 사이에 연관성이 있음을 보여주고 있다. 마가복음이 전하고 있는 수난과 패배

제2장 큐Q의 예수 이미지

의 메시아 상은 당대 승리와 영광의 메시아 상에 대조되고 있음을 볼 수 있다.

바울과 큐Q 복음

바울은 예수를 어떻게 이해했나? 바울은 자만심, 다툼, 허영에 사로잡혀 신앙생활을 하고 있는 빌립보교회 신도들을 향하여 예수의 마음을 본받으라고 하면서, 그를 소개한다.

> 너희 안에 이 마음을 품으라. 곧 그리스도 예수의 마음이니, 그는 근본 하느님의 본체시나, 하느님과 동등 됨을 취할 것으로 여기지 않으시고, 오히려 자기를 비어 종의 형체를 가져 사람들과 같이 되었고, 사람의 모양으로 나타나셨으매 자기를 낮추시고 죽기까지 복종하셨으니, 곧 십자가에 죽으심이라. 이러므로 하느님이 그를 지극히 높여 모든 이름 위에 뛰어난 이름을 주사 … 모든 입으로 예수 그리스도를 주라 시인하여 하느님 아버지께 영광을 돌리게 하셨느니라.(빌2 : 5-11)

바울은 예수를 하느님과 같은 형상morphe을 지닌 분으로 이해했다. 그런데 그는 그러한 특권을 포기하고 자기를 '비어'(kenosis) 인간으로 오셨고, 자기를 낮추시되 십자가에 처형되기까지 하셨다고 한다. 신적 형상을 지닌 예수께서 인간이 된 것은 전적으로 '자기 비움'(自己空) 사건이라는 것이다. 예수의 '자기 비움' 사건을 바울은 자기 겸양謙讓 사건 또는 십자가 죽음으로 해석한다. 이를 통해 바울이 말하고자 하는 것은 무엇인가? 빌립보교회 신도들의 자만, 다툼, 경쟁의 신앙을 비판하고 있다. 하느님께서는 자기 비움, 자기 겸양의 상징인 예수를 죽은 자 가운데서 살려내어 모든 사람의 구세주로 삼으셨다는 것이다.(빌2 : 6-11)

바울에게는 예수가 하느님의 아들이라는 것이 인간 구원을 위한 결정적인 의미를 갖는다. "때가 차매, 하느님께서 그 아들을 보내어 여자에게서 나게 하시고 율법 아래 나게 하신 것은, 율법 아래 있는 자들을 속량하시고 우리로 아들의 명분을 얻게 하려 함이다." (갈4 : 4-5) 모든 인간을 율법의 속박으로부터 자유하게 하고, 하느님의 아들이라는 명분을 얻도록 하기 위하여, 하느님께서는 자기 아들을 여자의 몸을 빌려 율법 아래 보내셨다는 것이다. 바울의 이 말씀은 영지주의적인 구원신화를 연상시키는 구절이다. 단지 구원자의 역사성(肉性)을 분명히 밝히고 있다는 점에서 순수 영적 구원자를 말하는 영지주의와 차이가 있다.

바울에게 있어서, 복음은 곧 십자가와 부활의 복음을 뜻한다. 부활이 신체의 부활이나 역사적인 지평에서 일어난 객관적인 사실로서의 부활을 뜻하는지, 아니면 단지 예수의 십자가 처형에 대한 의미사건인지는 논쟁의 여지가 있다. 하여튼 바울은 예수의 십자가 처형이 '우리 죄를 위하여'라고 생각했다.(고전15 : 1) 대속代贖 사상은 바울에게 중요한 의미를 지닌다. 하느님의 아들은 인간의 죄를 대신해서 십자가에 처형되었고, 그 사건이 인간에게 새로운 삶을 가능하게 만들었다. 그것이 그가 말하고자 하는 부활사건인지 모른다. 바울에게 있어서 부활은 논리를 초월한 세계이다.

허나, 큐Q에는 부활사건이 나타나지 않는다. 큐Q에서 예수의 죽음은 바울의 그것과 궤軌를 달리 한다. 예수의 죽음은 '우리의 죄를 위한'것이 아니다. 앞에서 살펴보았듯이, 예수는 구약성서의 예언자들이 겪은 것과 마찬가지로 불의의 세력에 의해 죽임을 당한 것이다. 큐Q는 예수의 죽음을 예언자적 순교사건의 지평에서 이해한다.

바울은 예수의 십자가와 부활사건을 복음의 중심으로 전파하였다. 허나, 큐Q는 생전의 예수 말씀을 복음의 중심으로 선포한다. 바울은 죽은 예수에 대한 의미사건意味事件을 중요시한다. 반면에 큐Q에서는 생전의 살아계신 예수 말씀이 복음의 거점據點이 된다. 구원과 심판의 판단기준은 다른 것이 아니다. 예수 말씀에 대한 우리의 태도 여하에 달려 있다.

예수는 기적을 행했는가?

우리는 큐Q를 읽으면서, 공관복음서에서 흔히 발견되는 기적 행위자로서의 예수 모습을 찾아보기 힘들다. 기적 행위자 예수의 모습은, 큐Q에서 단지 한 곳에 나타날 뿐이다. 가버나움에서 로마인 백인대장 신하의 병을 고치는 장면에서다. 예수께서 가버나움에 들어가자 백인대장이 나아와 자기 하인이 중풍병으로 들어 누워 있으니 치유해달라고 간청한다. 예수께서 직접 집으로 가서 고쳐주겠다고 하니, 그가 사양한다. 예수의 말씀만으로도 충분하다는 것이다. 예수는 그에게 이른다. "가라, 네 믿은 대로 될 것이다 하시니 그때 하인이 나았다."(마8 : 13) 여기에서 큐Q는 예수의 치유 능력을 과시하는데 초점을 두고 있는 것이 아니라, 백인대장의 예수에 대한 전적인 신뢰로서의 믿음이 강조되고 있다.

큐Q는 예수를 신격화하지도 않는다. 기적행위자 예수의 모습도 찾아볼 수 없다. 큐Q가 전하는 예수의 품격은 오로지 그가 한 '말의 실천'에 의해서 드러날 뿐이다. 큐Q의 예수에서 우리는 '보통 사람' 예수, 곧 '또 다른 내 모습'을 발견한다. 사도정통 복음서들은 예수에 대한 양자택일의 신앙고백을 강요한다. 그들이 제시하고 있는 하느님의 아들 예수 그리스도에 대한 절대 신앙을 촉구한다. 허나, 큐Q에서 예수는 예배cult의 대상이 아니다. 절대 신앙의 대상도 아니다. 큐의 예수는 그의 말씀 앞에서 우리가 스스로 판단하고 주체적으로 결단할 수 있도록 여유를 준다.

큐Q에서 예수를 믿고 따른다는 것은, 내 소원을 이루기 위해 복을 비는 것이 아니다. 기복적祈福的 신앙의 요소는 큐Q에서 찾아볼 수 없다. 모든 사람이 차별받지 않고 사람다운 삶을 살 수 있는 사회를 이루기 위해 하느님과 사람 앞에서 성실과 신뢰의 삶을 살았던 휴머니스트 예수에게서 참 사람, 참 하느님 아들의 모습을 보도록 큐Q는 인도한다. 진정한 구원은 어디서 오는가? 인간애 humanism에 바탕을 둔 경천애인敬天愛人의 예수의 삶과 가르침을 내 삶에서 구현할 때 가능하게 된다.

세례자 요한의 입을 통해서 큐Q는 우리가 어떻게 살아야 할 것인가를 분명히 밝히고 있다. "손에 키를 들고 자기의 타작마당을 정하게 하사, 알곡은 모아 창고에 들이고, 쭉정이는 꺼지지 않는 불에 태울 것이다."(Q3 : 17/마4 : 12) 큐Q의 예수는 자기가 세상에 온 목적을 이와 유사한 지평에서 설명한다. "내가 세상에 화평을 주러 온 줄 생각하지 말라. 화평이 아니라 검을 주러 왔다."(Q12 : 51/마 10 : 34)

큐Q교회 공동체가 보여주는 이러한 복음의 내용들은, 오늘날 한국교회의 복음 전파에서 지나치게 편중되어 있는 예수 신성神性 신앙, 기적 신앙, 기복주의 신앙에 대해 다시 한 번 성찰하도록 돕는다. 큐Q복음은 우리의 기대와 전혀 다른 예수의 모습을 보여준다.

제3장 사회적 인습 뒤집기

인습 뒤집기
기우뚱한 균형
참새보다 귀한 목숨
갈릴리 농민의 복음
큐Q의 농촌 선교
빈부 양극화 현상
물물교환과 화폐경세
채무자와 노예
부채의 탕감
화폐경제의 가치
하느님이냐 재물이냐
첫째와 꼴찌
도전적인 메시지

인습 뒤집기

신약성서에서 가장 많은 사람에 의해서 애독되고 있는 말씀 중 하나로 예수께서 제자들과 갈릴리 사회적 소수자들social minorities을 향하여 주신 마태복음 5장의 〈산상설교〉를 뺄 수 없을 것이다. 큐 Q의 산상설교는 예수께서 가난한 사람들에게 축복을 선포함으로써 시작된다.

예수께서 제자들에게 말씀하셨다. '가난한 사람들은 복이 있다. 하느님 나라가 너희에게 속하게 될 것이기 때문이다. 굶주린 사람은 복이 있다. 너희가 배불리 먹게 될 것이다. 슬퍼하는 사람들은 복이 있다. 너희는 웃을 것이기 때문이다.'(눅6 : 20-21/마5 : 3-4)

누가복음에 '들의 설교'로 나타나기도 하는 산상설교(또는 들판설교)는 큐Q가 전하는 예수의 첫 설교이다. 따라서 이 설교에는 예수가 추구하고자 했던 이념이나 사회적 가치가 모두 들어 있음을 볼 수 있다. 큐Q의 예수는 당시 사회적 통념이나 기존 가치질서에 맞서서 가난한 사람들, 배고픈 사람들, 슬퍼하는 사람들, 곧 그 시대의 사회적 소수자들이 하느님나라에서는 새로운 주인공으로 등장하고 있음을 선언한다. 큐Q의 예수운동은 사회적 통념이나 기존 가치에 대한 패러다임 전환을 지향하고 있음을 알 수 있다.

기우뚱한 균형

누가는 예수의 첫 설교를 그가 수집한 큐Q 문서에 있던 원형原形에 충실하게 보도하고 있다. 큐Q는 물질적으로 가난한 극빈자들(hoi ptochoi)과 먹을 끼니가 없어 굶주리고 있는 사람을 축복의 대상으로 선언한다. 허나, 마태는 큐Q의 축복 선언을 교회 공동체가 놓인 선교 상황에서 새롭게 변형시킨다. 마태교회에서는 물질적 가난의 문제보다는 정신적 가난의 문제가 더 시급했던 것 같다. "마음이 가난한 자는 복이 있다. 천국은 그들에게 있다."(마5 : 3) 마태에게 '마음이 가난 사람'은 하느님과 이웃 앞에서 겸허한 자세로 살아가는 사람을 뜻한다. 온유한 사람(마5 : 5) 그리고 의에 주리고 목마른 사람(5 : 6)이 이와 같은 맥락에서 이해될 수 있을 것이다.

당대 사회적 통념에서 보면 가난한 사람, 배고픈 사람, 우는 사람은 축복과는 거리가 먼 사람들일 것이다. 그와 반대로 부유한 사람, 배부른 사람, 웃는 사람이야말로 축복에 해당되는 사람들이라고 볼 수 있다. 헌데 큐Q의 예수는 이러한 당대의 사회적 통념이나 기존의 가치체계를 뒤엎어버린다. 로마제국의 지평에서가 아니라 하느님나라의 지평에서 본다면, 기존의 사회질서에서 볼 때 대지의 저주받은 자들로 보이는 가난한 사람들, 굶주린 사람들, 애통하는 사람들은 오히려 축복의 대상이라는 것이다. 하느님나라의 가치는 세상의 통념적 가치를 뒤엎는다. 로마제국의 식민통치 하에서 사람 대우를 받지 못하고 사회의 변두리로 밀려난 사회적 소수자들이야말로 행운이 깃든 사람들이며, 하느님나라의 수혜자受惠者들이라는 것이다.

> 가난한 사람들은 행복하다. 하느님나라가 그들에게 속해 있기 때문이다. 굶주린 사람은 행복하다. 그들은 배부르게 될 것이다. 우는 사람들은 행복하다. 그들은 웃을 것이다.(Q6 : 20-21)

큐Q의 예수가 선포한 하느님나라 개념은 물론 예수 이전에도 있었다. 하느님나라는 구약성서와 당대의 묵시문학 전통에서도 찾아볼 수 있다. 그들은 하느님나라가 오기를 간절히 고대하고 있었다. '나라'로 번역된 그리스어 '바실레이아'basileia는 통치reign 또는 주권sovereignty을 의미하기도 한다. 하느님나라는 단순히 공간적인 의미를 넘어서 하느님의 통치 또는 하느님의 주권이 실현된 현실을 지칭하기도 한다.

당대 유대사회의 묵시문학 종파들이 간절히 오기를 고대했던 하느님나라는 무엇인가? 그것은 일차적으로 유대 백성을 이방 세력으로부터 해방시키는 정치적 메시아political messiah가 오기를 고대했다. 젤롯당들Zealots은 구체적으로는 이스라엘 민족을 로마의 식민 통치로부터 벗어나게 해줄 민족해방의 메시아가 오기를 고대했다. 바리사이파 사람들Pharisees은 율법을 일상생활 속에서 실천하는 의로운 사람들이나 경건한 사람들에게 권력을 안겨줄 메시아를 고대하였다. 엣세네파Essenes는 예루살렘 성전을 정화淨化하고 거룩하게 하기 위해 메시아가 올 것을 고대하였다.

　허나 큐Q의 예수가 선포한 하느님나라는 유대 민족주의와 결부된 메시아의 도래와 차원을 달리한다. 그들은 유대 민족주의를 넘어서 사회 계층적인 차원에 관심을 기울인다. 하느님나라는 사회적 소수자들에 속해 있다는 것이다. 큐Q의 예수가 전하는 하느님나라 운동은 민중 편향성偏向性을 지닌다. 기우뚱한 균형 운동이다. 현 사회는 어떤가? 모든 것이 강자 중심이다. 기득권자 중심이다. 이를 바로잡기 위해서는 기우뚱한 균형이 필요하다. 큐Q의 예수가 전한 하느님나라 복음에는 사회적 소수자들의 희망이 깃들어 있다. 큐Q의 예수가 추구한 하느님나라 운동은 사회적 소수자들도 사람답게 살 수 있는 사회를 이룩하기 위한 기우뚱한 균형을 추구한다.

참새보다 귀한 목숨

큐Q가 전하고 있는 예수의 첫 설교는 현세에서 고통으로 점철된 저주받은 삶을 살아가고 있는 사회의 소수자들이야 말로, 하느님 통치에 지평에서 볼 때 복 받은 사람들이라는 것이다. 강자존의 사회제도에 의해 사람다운 삶을 박탈당한 사람들에게 하느님은 각별히 보살피신다는 것이다.

참새 두 마리가 한 앗사리온에 팔리지 않느냐, 그러나 너희 아버지께서 허락하지 않으시면, 그 하나라도 땅에 떨어지지 아니한다. 아버지께서는 너희 머리카락까지 다 세고 계신다. 두려워하지 말라. 너희는 수많은 참새보다 더 귀하다.(마10 : 29-30/눅12 : 6-7)

참새는 팔레스타인에서 가장 흔한 새이다. 참새는 먹이를 찾아 항상 떼를 지어 날아다닌다. 시장에서도 참새고기는 아주 싼값에 팔린다. 동물성 단백질을 섭취하기 위하여 가난한 사람들의 밥상에는 참새고기가 자주 오르기도 한다. 앗사리온은 로마의 화폐 단위이다. 노동자 하루 품삯에 해당하는 로마의 화폐 단위로는 데나리온이 있다. 한 앗사리온은 1/16 데나리온에 해당한다. 팔레스타인 어디에서도 쉽게 볼 수 있고, 시장에서도 동전 한 푼이면 쉽게 사먹을 수 있는 것이 참새이다. 헌데 인간과 비교하면 하찮은 미물에 불과한 참새 한 마리의 운명까지도 하느님께서는 일일이 체크하고 계신다는 것이다. 큐Q는 당시 팔레스타인에서 인간다운 삶을 박탈당한 채 벌레처럼 살아가고 있는 사회적 소수자들을 참새에 비유하고 있음을 볼 수 있다.

　로마제국이 통치하던 시대를 일컬어 학자들은 고대노예제 사회라고 한다. 로마제국을 지탱하기 위해 필요로 하는 생활품의 생산은 주로 노예에 의존하고 있었기 때문이다. 당시 팔레스타인은 피라미드형의 양극화된 사회구조를 띠고 있었다. 상류층에는 대지주, 성전 지배계층, 대상인, 고위 관료 등이 있었고, 하류층에는 소작인, 농노, 날 품꾼, 걸인 등이 있었다. 중산층으로는 소농, 수공업자, 세리 등이 있었다. 로마의 식민지 팔레스타인에서 사회의 하류층에 속하는 사회적 소수자들은 사람다운 삶을 박탈당하고 고통 가운데서 지냈다. 하층 민중의 이러한 절망적인 사회현실 속에서, 큐Q의 예수는 참새 한 마리도 조물주 하느님의 허락 없이는 땅에 떨어지지 아니 한다고 한다. 유대 사회에서 냉대 받고 있는 사회적 소수자들의 목숨이 참새 한 마리보다도 소중함을 큐Q의 예수는 천명한다. 하늘 아버지께서는 그들의 머리카락 한 올까지 세고 계신다고 한다. 이 말씀은 사회적 소수자들의 인권선언이다. 그들의 운명은 하느님의 손 안에 있다는 창조주 하느님에 대한 절대 신뢰의 말씀이다. 이것은 큐Q 민중의 자기 존재에 대한 새로운 깨달음, 곧 하느님 자녀로서의 자기 이해라고 볼 수 있다.

갈릴리 농민의 복음

그러므로 나는 너희에게 말한다. "살기 위해 무엇을 먹을까, 몸을 위해 무엇을 입을까, 염려하지 말라. 생명이 음식보다 귀하고, 몸이 옷보다 귀하지 아니하냐? 까마귀를 보라. 그것들은 씨를 뿌리지도 않고, 수확하지도 않으며, 창고에 거두어들이지도 않는다. 허나, 하느님께서 그것들을 먹이신다. 너희는 새보다 더 귀하지 아니하냐? 너희 중에 누가 염려한다고 해서, 수명을 한 치라도 늘일 수 있느냐? 너희는 무엇을 입을까 염려하지 말라. 백합이 어떻게 자라는가 보라. 그것들은 수고하지도 않고, 실을 짜지도 않는다. 너희에게 말한다. 솔로몬은 그의 모든 영광으로도 이 백합처럼 차려입지 못하였다. 허나, 하느님께서는 오늘 이렇게 자라다가 내일 아궁이에 던져질 들풀들도 이렇게 입히신다. 믿음이 없는 자들아! 너희는 이것들보다 얼마나 더 잘 입히지 않으시겠느냐? 무엇을 먹을까, 무엇을 마실까, 무엇을 입을까, 염려하지 말라. 이런 것들은 모두 이방인이 구한은 것들이다. 너희 아버지께서는 너희에게 이 모든 것들이 필요하신지를 알고 계신다. 그 대신에, 너희는 그의 나라를 구하라. 그러면 모든 것이 더하여 주어질 것이다. 적은 무리여, 무서워 말라. 너희 아버지께서 그 나라를 너희에게 주시기를 기뻐하실 것이다.(눅12 : 22-32/마6 : 25-34)

공중의 새들은 수고를 하지 않아도 잘 먹고 지낸다고 한다. 농부들은 어떤가? 수고를 해야 한다. 일 년 동안 밭이나 들에 나가 농사지어야 먹고 살 수 있다. 봄에 씨를 뿌려야 하고, 여름에 거름을 주어야 한다. 가을에 곡식이 무르익으면 밭에 나가 수확해야 하며, 알곡들을 창고에 모아들여야 한다. 이게 농사짓는 수고이다. 농부는 일 년 동안 이러한 수고를 해야 결실을 얻게 된다. 들에 스스로 피고 지는 야생화는 어떤가? 그것들은 여인처럼 수고를 하지 않는다. 여인들은 아름다운 옷감을 얻기 위해 물레를 돌려 실을 뽑고 그것으로 천을 짜는 등 수고를 해야 한다. 허나, 야생화는 그러한 수고를 하지 않는다. 농부나 여인의 수고로운 삶은 무엇을 상징하는가? 인위人爲이다. 새나 야생화의 저절로 그러한 삶은 무엇을 상징하는가? 무위無爲이다. 무위의 삶은 다른 것이 아니다. 하느님께서 먹이고 입히시는 삶을 가리킨다.

작은 면적의 자기 땅을 가지고 농사를 짓는 자영농이든, 지주의 땅을 빌려서 도조를 주고 농사를 지어 가족의 생계를 책임지는 소작인이든, 대지주의 농토에서 아침부터 저녁까지 뙤약볕에서 하루 종일 노동을 하며 하루하루 살아가는 날 품꾼이든, 지주의 노예가 되어 평생 동안 농사일을 하며 살아가는 농노든, 그 시대의 하층 농민들은 가족의 생계를 위하여 일하지 않으면 안 되었다. 그들에게 큐Q의 예수가 주시는 이러한 말씀은 확실히 도전으로 다가왔을 것이다. 비록 가난하다 하더라도, 일용할 양식에 대한 걱정이나 염려에 매어 자기실현을 위한 공공성公共性의 삶을 포기해서는 안 되며, 하느님나라를 구하는 삶을 최우선적으로 해야 한다는 것이다. 그러할 때 나머지 일상적인 삶에서 필요한 것들은 하느님께서 채워주신다는 것이다. 이러한 약속은 큐Q의 민중으로 하여금 하느님을 전적으로 신뢰하면서 하느님나라 운동에 참여할 수 있도록 했을 것이다.

하느님은 공중의 새와 들의 백합조차도 먹이고 입히시는데, 하물며 너희야 더 말할 필요가 있겠는가?

큐Q의 농촌 선교

큐Q의 예수 말씀에는 농촌생활에서 체험하지 않으면 알 수 없는 것들이 자주 등장한다. 추수할 일꾼의 모자람(마9 : 37/눅10 : 2), 늑대 속의 양(마10 : 16/눅10 : 3), 잃어버린 양(마18 : 10-14/눅15 : 1-7), 세대의 분별(마16 : 2-3/눅12 : 54-56), 신국에 관한 누룩 비유(마13 : 33/눅13 : 20-21), 겨자씨 비유(마17 : 19-20/눅17 : 5-6), 박하·회향·근채의 십일조(마23 : 23/눅11 : 42), 구덩이에 빠진 양(마12 : 11-12/눅14 : 5), 맷돌질하는 두 여인(마24 : 40-41/눅17 : 34-35), 주검과 독수리(마24 : 28/눅17 : 37) 등이 그렇다.

물론 공관복음서에 등장하는 예수의 비유에서는, 도시의 광경들이 자주 등장하기도 한다. 성곽, 탑, 망루, 예루살렘 성전과 제사장들이 그것이다. 그러나 이러한 도시를 배경으로 하는 그림 언어들은 큐Q에서 나타나지 않는다. 이를 고려할 때, 큐Q의 예수 말씀들은 주로 농촌문화 환경과의 연관성 가운데 태어났음을 알 수 있다.

공관복음서의 예수 이야기에 따르면 예수는 예루살렘을 제외한 그 어느 도시에서도 머문 적이 없다. 예수는 겐네사렛 호수를 중심으로 하느님나라 운동을 펼친다. 예수는 겐네사렛 호수 연안에서 제자들을 선택하는가 하면, 호수 부근에서 많은 기적을 행하고, 그를 따르는 민중에게 하느님나라 메시지를 전한다. 공관복음서에 따르면, 겐네사렛 호수는 예수가 벌인 하느님나라 운동의 센터^{Centre}였다고 볼 수 있다. 허나 큐Q에는 겐네사렛 호수 또는 어부 제자들도 등장하지 않는다. 초창기 큐Q교회 공동체는 갈릴리 농촌의 내륙 지방에 있었으며, 그 지역을 두루 돌아다니며 하느님나라 복음을 전파했을 것이다. 고고학적 발견에 따르면, 예수 시대의 갈릴리 지역은 97% 이상이 농경지로 경작되었으며, 지역주민의 4/5가 농업에 관계된 일에 종사했다. 갈릴리의 드넓은 목초지와 비옥한 토지에서 온갖 종류의 농작물이 생산되었다.

빈부 양극화 현상

갈릴리는 땅이 비옥했음에도 불구하고, 항상 사회적 긴장 가운데 노출되어 있었다. 예수 시대에는 부익부빈익빈 현상과 사회의 양극화 현상이 극대화된 지역이었기 때문이다. 헤롯 I세는 그의 통치기간 동안(39~4 BC) 그의 통치를 반대했던 하스몬 왕가와 귀족들의 토지를 몰수하였다. 그는 몰수한 토지들을 그의 부하나 친척들에게 나누어 주었다. 그 토지들은 주로 갈릴리 지방에 있었다. 헤롯 1세가 BC 4년 예수가 태어나던 해에 죽자, 그는 갈릴리 지역을 그의 아들 헤롯 안티파스^{Herod Antipas}에게 주어 다스리게 했다. 헤롯의 친척들은 갈릴리 농토를 소유하고 있었으나, 그들은 도시에서 살았다. 이들을 부재지주不在地主라고 부른다. 부재지주들은 청지기를 고용하여 갈릴리 현지에 두고, 그들을 통해 토지를 관리했다. 현지 관리인들은 주인의 명령에 따라 농사를 지었다. 고고학자들은 갈릴리 남쪽에서 예수 시대의 것으로 추정되는 큰 농가 저택의 터를 여러 개 발견했다. 그 주변에는 마치 수혈竪穴과 같은 작은 집터들의 군락이 발견되었다. 현지 관리인인 부유한 저택 주위에 가난한 농부들이 집단을 이루어 살고 있었음을 알 수 있다.

큐Q는 여러 가지 비유들을 통해 당시 갈릴리 소재의 부재지주들이 어떠한 방식으로 그들의 토지를 경영했는가를 알려준다.

주께서 이르시되, 지혜 있고 진실한 청지기가 되어 주인에게 그 집의 종들을 맡아 때를 따라 양식을 나누어 줄 사람이 누구인가? 주인이 왔을 때에 그 일을 하고 있는 종을 본다면, 그 종은 복이 있을 것이다. 내가 참으로 너희에게 말한다. 주인은 그 모든 소유를 그에게 맡길 것이다. 그러나 그 종은 마음속으로 주인이 늦게 오리라 생각하여 다른 종들을 때리기 시작하며 술꾼들과 먹고 마신다. 허나, 예상치 않은 날 생각지도 못한 시간에 주인이 나타나 그 종을 본다면, 주인은 그를 심히 때리고 신실하지 못한 자들의 자리로 쫓아낼 것이다.(눅12:42-46/마24:45-51)

부재지주들은 도시에서 호화로운 삶을 향유하면서 현지 관리인을 두어 그들의 토지를 관리했음을 알 수 있다. 현지 관리인은 농노(종)들을 관리하는 일 뿐만 아니라, 전권을 부여받고 농장 전체를 경영했던 것으로 보인다.

물물교환과 화폐경제

대지주들은 한 곳의 토지만을 소유하고 있었던 것은 아니다. 여러 곳에 토지를 소유하고 있었다. 그들은 산재해 있는 그들의 재산을 효율적으로 관리하기 위해 출장을 자주 다녔다. 다음의 큐Q 비유는 이러한 역사적 분위기를 암시해준다.

한 귀족이 있었다. 헤롯왕가 문중의 한 사람이다. 그는 해외무역에 종사하고 있었던 것으로 보인다. BC 4년 헤롯 I세가 죽음으로 그가 통치하던 팔레스타인은 3등분되어 그의 아들들에게 주어졌다. 갈릴리와 베레아 지역은 헤롯안티파스가 다스렸고, 트란스요르단 지역은 헤롯필립에 의해서 다스려졌다. 그런데 유다와 사마리아 지역은 헤롯아켈라오스에 의해서 통치되었다. 아켈라오스는 통치권을 수여받기 위해 로마로 갔다. 당시 황제는 아우구스투스였다. 그는 아켈라오스에게 왕의 칭호를 수여하지 않았다. 단지 봉건영주 ethnarch의 직위를 주어 돌려보냈다. 큐Q 본문에는 당시의 이러한 역사적 정황이 반영되어 있음을 볼 수 있다.

귀족 출신의 어떤 사람이 왕위를 받아 가지고 돌아오려고, 먼 나라로 길을 떠날 때에, 자기 종 열 사람을 불러다가, 열 므나를 주고서는, '내가 올 때까지 이것을 가지고 장사를 하여라' 하고 말하였다. 그런데 그의 시민들은 그를 미워하므로, 사절을 뒤따라 보내어 '우리는 이 사람이 왕이 되는 것을 원하지 않습니다' 하고 왕위를 줄 이에게 말하게 하였다. 그러나 그 귀족은 왕위를 받아 가지고 돌아와서, 은화를 맡긴 종들을 불러오게 하여, 각자 얼마나 벌었는지를 알아보고자 하였다. 첫째가 와서 말하기를, '주인님, 나는 주인의 한 므나로 열 므나를 만들었습니다.' 하였다. 주인이 그에게 말하였다. '착한 종아, 잘 했다. 네가 작은 일에 신실하였으니, 열 고을을 다스리는 권세를 차지하여라.' 둘째가 와서 말하기를, '나는 주인의 한 므나로 다섯 므나를 벌었습니다.' 하였다. 주인이 이 종에게도 말하기를, '너도 다섯 고을을 다스리는 권세를 차지하여라.' 하였다. 또 다른 하나가 와서 말하였다. '주인님, 보십시오. 주인의 한 므나가 여기에 있습니다. 나는 이것을 수건에 싸서, 보관해 두었습니다. 주인님은 엄하신 분이라, 맡기지 않은 것을 찾아 가시고, 심지 않는 것을 거두시므로, 나는 주인님이 무서워서 이렇게 하였습니다.' 주인이 그에게 말하였다. '악한 종아, 나는 네 입에서 나오는 말로 너를 심판하겠다. 너는, 내가 엄한 사람이어서, 맡기지 않은 것을 찾아가고, 심지 않은 것을 알고 있었다는 말이냐? 그러면 어찌하여 내 므나를 은행에 예금하지 않았느냐? 그랬더라면, 내가 돌아와서, 그 이자와 함께 그것을 찾았을 것이다.' 그리고 그는 곁에 서 있는 사람들에게 '이 사람에게서 한 므나를 빼앗아서, 열 므나를 가진 사람에게 주어라' 하고 말하였다. (눅19 : 12-24/마25 : 14-30)

이 비유는 BC 313년 알렉산더 대왕의 동아시아 제패 이후 동양과 서양의 문화권이 하나로 통합되었다. 헬레니즘 문화의 시대가 열렸던 것이다. 이를 계기로 팔레스타인의 사회경제제도에도 변화가 생겼다. 그 이전의 갈릴리 농촌에서는 물물교환이 성행하였다. 마을 주민들끼리는 각자가 생산한 농작물을 서로 교환하는 경제 방식이었다. 그러나 물물교환이 불가능한 물품들일 경우 도시에서 구입해야 했고, 이를 위해서는 화폐가 필요했다. 로마제국은 헬레니즘 문화를 계승하여 그레꼬-로마Greco-Roman 문화를 확대하는 정책을 썼다. 로마는 이집트의 카이로스에서 시리아의 다마스쿠스까지 고속도로를 놓았다. 지중해 연안을 통과하는 일종의 국제 무역로인 셈이다. 이 국제 무역로를 일컬어 비아마리스via maris라고 불리는 이 국제 무역로는 지중해 연안의 갈릴리의 겐네사렛 호수를 끼고 시리아로 이어진다. 예수의 하느님나라 운동의 센터가 있었던 가버나움은 국제무역의 요충지였다. 인도에서 온 도자기, 이집트의 향신료, 그리스의 포도주 등이 이곳을 통하여 시리아로 흘러들어갔고, 겐네사렛 호수에서 잡은 훈제燻製된 생선들은 로마인들이 특히 좋아했다.

비유의 본문을 살펴보자. 왕위를 받아가지고 돌아오려고 먼 길을 떠난 귀족이 있었다. 주인은 떠나기에 앞서 하인 열 명을 불러 각기 한 므나씩 주었다. 한 므나는 로마의 화폐단위로 일백 데나리온에 해당하는 큰 금액이다. 한 데나리온은 노동자 하루 품삯에 해당한다. 로마의 가장 높은 화폐 단위인 달란트로 환산하면 한 므나는 1/60 달란트에 해당된다. 열 명의 하인들은 아마도 주인의 신임이 두터웠던 것 같다. 우여곡절 끝에 왕위를 받아가지고 돌아온 주인은 돈을 맡겼던 하인들을 다시 불러 셈을 하였다. 그중에 두 명의 하인은 주인으로부터 칭찬을 듣는다. 많은 이윤을 남긴 하인들이다. 한 므나를 수건에 싸서 두었다가 다시 내어놓은 하인은 꾸중을 듣는다. 예수 시대에는 대지주들이 믿을 만한 하인들을 골라 돈을 맡기는 일은 흔했다. 하인들은 주인의 돈을 자주적으로 운영했다. 물론 그들이 노력하여 얻은 수익도 모두 주인에게 속하였다. 본문에서 칭찬받은 하인, 곧 한 므나로 열 므나 또는 다섯 므나를 만든 수익률은 아마도 과장되었을 것이다. 아마도 두 종이, 정당한 거래 방식이 아닌 편법便法을 써서 높은 수익을 올렸음을 독자들에게 상기시켜주려는 의도가 깔려 있는 것 같다. 아마도 두 종은 고리대금을 통하여 고액의 수익을 올렸을 것이다. 고대인들은 이자를 지급하는 예금저축이라는 것을 몰랐을 것이다. 악한 종으로 비난받은 하인은 말한다. "당신은 엄한 분이라 맡기지 않은 것을 찾아가시고, 심지 않은 것을 거두시므로, 나는 무서워 그리 했습니다." 이 본문은 당시 사회에서 대지주들의 횡포를 고발하고 있다.

채무자와 노예

　팔레스타인은 자연재해가 심한 지역이다. 기후조건의 악화로 인해서 흉년이 드는 해가 많았다. 흉년이 들면, 작은 토지를 소유하고 있는 자영농이나 소작농들은 먹을 것이 없었다. 한 해를 다시 농사를 지어 추수할 때까지 가족이 먹고 살아갈 식량을 지주들에게 빌려야 했다. 그 대신 자기 소유의 땅뙈기를 담보로 잡혀야 했다.

흉년이 2,3년 계속되면 지주로부터 빌린 돈을 갚을 수 없게 된다. 결국 자영농들은 가지 소유의 땅을 대지주에게 넘겨주게 된다. 소작인으로 전락하여 지주의 땅을 경작하는 경우, 소출의 절반 이상을 지주에게 바쳐야했다. 빚을 갚지 못할 경우 당사자는 물론 가족들도 채무노예로 전락하거나 아니면 감옥에 갇히는 일이 부지기수였다. 큐Q가 전해주는 예수의 말씀에서 우리는 당시 이러한 사회경제적 상황을 읽을 수 있다.

> 너를 고소하는 사람과 함께 관원에게로 가게 되거든, 너는 도중에 그에게서 풀려나도록 힘써라. 그렇지 않으면 그가 너를 재판관에게 끌고 갈 것이고, 재판관은 간수에게 넘겨주고, 간수는 너를 감옥에 처넣을 것이다. 내가 너희에게 말한다. 너희가 그 마지막 한 푼quadrans까지 다 갚기 전에는, 절대로 거기에서 나오지 못할 것이다.(눅12 : 58-59/마5 : 25-26)

재판관이 채무자를 처벌하기 전에 화해를 촉구하는 것은 상징적인 의미를 지닌다. 채무자인 사회적 약자들은 빚을 갚을 능력이 없기 때문이다. 재판정에서 사회적 약자들은 그 누구로부터도 보호받을 수 없었다. '한 푼'으로 번역된 '고드란'quadrans은 로마 화폐 중에 가장 작은 단위이다. 참새 두 마리 가격에 해당하는 앗사리온의 1/4이다. 예수 시대에 빚 문제가 얼마나 큰 사회문제로 부각되었는지를 알 수 있다. 큐Q교회 공동체는 가난한 사람들로 하여금 사람다운 삶을 불가능하게 만드는 빚 탕감 문제를 예수운동의 중요한

이슈로 삼고 있음을 볼 수 있다. 주기도문이 대표적이다.(눅11 : 1-4/마6 : 9-13)

부채의 탕감

우리가 우리에게 빚진 사람들의 빚을 탕감해주오니, 우리 죄를 탕감
해주소서.(눅11 : 4/마6 : 12)

큐Q의 예수가 제자들에게 가르쳐주신 기도의 한 대목이다. 우리
가 잘못을 저지른 죄를 용서해달라고 하느님께 간구하는 장면이다.
우리가 하느님께 죄 용서를 빌기 전에 선행되어야 할 과제가 있다.
우리에게 빚진 사람들에게 그 빚을 자발적으로 탕감해주라는 것이
다. 빚을 받아내기 위해서는 온갖 수단방법을 가리지 않는 것이 당
대의 사회적 관행이었다. 이런 사회 분위기에서 예수는 채권자들에
게 그들에게 빚진 사람의 빚을 탕감해줄 것을 권유하고 있다. 빚
탕감의 실천 선언은 가히 혁신적이라 말하지 않을 수 없다. 큐Q의
예수는 당시 빚으로 인해서 채무자들이 사람다운 삶을 살지 못하도
록 하는 사회구조와 경제시스템 자체를 문제시하고 있다.

마태복음은 큐Q의 주기도문을 교회의 선교 상황에 맞게 변형시
킨다. "우리가 우리에게 빚진 사람들의 빚을 탕감해주오니…"를
"우리가 우리에게 죄 지은 자들을 용서해주듯이…"로 변형시킨다.
큐Q가 빚으로 사람다운 삶을 빼앗겨 버린 채무자들의 구체적인 사

회적 채무 탕감을 언급하고 있다면, 마태는 이를 죄 용서의 문제로 일반화시키고 있음을 볼 수 있다. 2000년 전 큐가 전해주는 예수의 기도 가르침은, 오늘날 현대의 세계경제 시스템에 대해서도 문제를 던지고 있다. 선진국이나 사회의 강자들만이 살아남은 강자존强者存의 세계경제 구조, 그리고 개발도상국들의 천문학적인 채무, 중소기업이나 개인 가정들의 채무 불이행으로 인한 도산과 파산의 위협 가운데서 우리는 살아가고 있다.

주기도문이 던지는 엄청난 문제의식을 우리는 느끼지 못한 채, 우리는 매일 이 기도를 드리고 있다. 큐Q의 주기도문 전반부에서 예수는 사회적 채무 탕감이야말로 하느님나라가 지상에 임하는 것과 밀접한 연관성이 있음을 밝히고 있다.

> "하늘에 계신 우리 아버지, 이름을 거룩하게 하시오며, 나라가 임하시오며, 뜻이 하늘에서 이루어진 것 같이, 땅에서도 이루어지게 하시옵소서"라고 기도하라고 했다.(마6 : 9-10/눅11 : 2)

아버지 이름이 거룩하게 여김을 받는 것, 나라가 임하는 것, 하늘의 뜻이 땅에서 이루어는 것, 이러한 간구는, 일체 세상적인 관행이나 가치질서를 뒤엎는 것과 연결되어 있다는 것이다. "아버지 이름을 거룩하게 하시오며"는 아버지 이름 외에 그 어떤 것도 거룩하게 여겨서는 안 된다는 것을 의미한다. 허나, 우리는 어떤가? 돈, 재물, 명예, 경쟁, 승리, 성공, 속도, 성장, 웰빙, 힐링, 건강, 멀티미디어가 최상의 추구해야 할 목적과 가치로 군림하고, 거룩하게 여김을 받는 세상에서 살고 있지 않는가? "당신의 나라가 임하시오며,"는 아버지의 나라 외에 그 어떤 나라도 임해서는 안 된다는 것을 뜻한다. 허나, 우리는 어떤 나라에서 살고 있는가? 부자들의 나라 그리고 권력자들이 지배하고 있는 나라에서 살고 있다. 수단 방법을 가리지 않고 성공하고 출세하고 권력을 휘두르는 자들이 활개치는 나라에서 살고 있지 않는가? 더 이상 이러한 제도들이 지배하는 세상이 지속되지 않기를 바라는 것이 하느님나라의 도래와 연관성이 있다.

화폐경제의 가치

갈릴리에는 두 개의 행정도시가 있다. 나사렛에서 멀지 않은 곳에 있는 셉포리스seporis가 있고, 겐네사렛 호수 연안에 티베리아tiberias가 있다. 이 두 도시는 그레코-로마Greco-Roman 문화의 센터였다. 시내에는 대리석으로 지은 원형경기장, 대중목욕탕, 극장 등 고린도-로마 스타일의 건축물이 사람들의 눈길을 끌었다. 헤롯 I세가 죽은 후, 갈릴리를 통치하던 그의 아들 헤롯 안티파스는 로마 황제의 이름을 따 건설한 도시가 티베리아tiberias이다. 그는 이 도시를 건설하여 로마 황제에게 바치고, 갈릴리 지역의 행정수도로 삼았다. 큐Q에는 이 두 도시 이름이 전혀 언급되지 않고 있다. 예수는 적어도 공생활public life 기간에는 그레코 로마 문화의 상징인 두 도시를 방문한 적이 없는 것 같다. 큐Q에 언급되고 있는 가버나움, 벳사이다, 고라신 등은 주로 겐네사렛 호수 부근에 위치한 소도시들이다.

예수의 하느님나라 운동의 센터가 있었던 곳으로 추정되는 가버나움은 인구 600명 정도로 구성된 소규모의 면소재지였다. 농업, 어업 그리고 올리브기름의 생산지이기도 했다. 동시에 교통과 무역의 요지였기 때문에, 대중목욕탕, 광장, 공공건물 등 그리스 로마풍의 건축물들도 있었다. 가버나움에는 세관이 있었고, 로마 병사의 갈릴리 지역 사령부가 있었다. 큐Q에는 로마인 백인대장의 믿음에 관한 이야기가 나온다.(마8 : 5-13/눅7 : 1-10)

고라신은 가버나움에서 북쪽으로 대략 3km 떨어진 곳에 위치한 갈릴리의 중소도시이다. 예수시대에 전성기를 누렸던 것으로 추정된다. 갈릴리에 위치한 이 도시들을 향하여 예수를 저주를 퍼붓는다. 왜 그러했는가? 그들은 예수의 권능을 거부했기 때문이다.(마10 : 14-15 40/눅10 : 10-12; 마11 : 23-24/눅10 : 13-16) 예수뿐만이 아니다. 큐Q교회 공동체의 떠돌이 예언자들 또한 그들은 받아들이지 아니했다. 예수의 하느님 나라 메시지는 도시 지역이 아니라 갈릴리 농촌지역의 가난한 농민 대중에게는 호응도 높았던 것 같다. 경제적 형편이 상대적으로 나은 도시 지역의 사람들에게 예수의 하느님나라 설교는 별로 호응을 얻지 못했던 것으로 보인다.

하느님이냐 재물이냐

큐Q에는, 부유한 사람들이나 권력층의 사람들을, 드러내놓고 공격하거나 비판하는 내용은 찾아볼 수 없다. 큐Q는 기존의 모든 사회적 가치나 관계에 대하여 비판적으로 평가한다.

한 사람이 두 주인을 섬길 수 없다. 한쪽을 미워하면, 다른 쪽을 사랑하게 될 것이다. 한쪽을 소중하게 여기면, 다른 쪽을 가볍게 여길 것이다. 너희는 하느님과 재물을 겸하여 섬길 수 없다.(마6 : 24/눅16 : 13)

너희는 재물을 땅위에 쌓아두지 말라. 그곳에는 좀과 녹이 슬어, 그것을 못 쓰게 만들고, 도둑이 훔쳐간다. 재물은 하늘에 쌓아두라. 그곳에는 좀과 녹이 슬지도 않고, 도둑이 들어와 훔쳐가지도 않는다. 네 재물이 있는 곳에, 네 마음도 있다.(마6 : 19-21/눅12 : 33-34)

재물을 추구하거나 축적하는 삶은, 사람으로 하여금 하느님에게로 향하는 마음을 차단시킨다. 맘몬(재물)은 하느님 나라의 도래에 인간이 자신을 내어맡기지 못하도록 한다. 재물을 땅위에 쌓아두지 말고 하늘에 쌓아두라는 말은 무슨 뜻인가? 큐Q는 재물의 공개념公概念을 말한다. 재물은 사私가 아니라 공公이다. 공공성의 지평에서 쓰여야 한다. 재물의 공공성의 회복이 곧 재물을 하늘에 쌓아두는 것이다. 하느님 나라는 우리에게 재물에 대한 결단을 촉구한다. 큐Q의 예수는, 재물에 대한 부정적인 평가를 내리고, 재물과 하느님은 결코 양립될 수 없다는 점을 분명히 한다. 하느님이 아니라 재물을 존재의 근거로 삼고 있던 당대의 사회적 관행에서 보면, 이러한 예수의 선언은, 가히 혁명적 발상이 아닐 수 없다. 하느님께서 우리 죄 용서를 해주시는 조건으로, 우리에게 빚진 자들의 빚을 탕감해주라는 말씀들은, 로마사회의 법질서에서는 도저히 용납될 수 없는 것들이었을 것이다.

큐Q가 전하는 예수의 메시지는, 당대 로마 사회에서 통용되는 사회적 가치질서에 대한 반전反轉의 성격을 지닌다. 당대 사회가 추구하던 일반적인 가치는 무엇이었는가? 경제적 부의 축적이고, 사회적인 명예를 얻는 것이었다. 세상이 추구하는 이러한 가치들은, 하느님 앞에서는 그 어떠한 자랑거리나 공적功績이 될 수 없다.

첫째와 꼴찌

일반적으로 사회에서 출세하고 성공하며 물질적으로 남보다 풍요를 누릴 때, 이를 신앙인들은 하느님의 축복이라고 믿는다. 물질적 부와 성공 출세를 하느님의 축복과 연결시키고 신앙생활의 공로와 연관시키는 것을 번영신학prosperity theology이라고 한다. 헌데, 큐Q에서는 이러한 번영신학의 성향을 찾아볼 수 없다. 큐Q에서는 이와 달리 반反번영신학anti prosperity theology의 성향을 지닌다. 사회적으로 성공하거나 출세한 사람들일 수록, 오히려 큐Q는 하느님 앞에서는 비판의 대상으로 고발한다. 이른바 사회에서 성공적인 삶을 살아가고 있는 바리사이파 사람들을 향하여 큐Q의 예수는 말한다.

　　그들은 잔치에서는 윗자리에, 회당에서는 높은 자리에 앉기를 즐기고, 장터에서 인사받기와, 사람들이 자기들을 선생이라 불러주기를 바란다.(마23 : 6-7/눅11 : 43)

큐Q는 사회의 일상적인 가치 질서도 뒤엎어버린다. 세상에서 명예와 권력을 누리고 있는 자들은 그것을 잃어버리게 될 것이라고 한다. 허나, 자기를 양보하거나 겸손한 자는 하느님 나라에서 높임을 받게 될 것이라고 한다.

　　너희 가운데, 으뜸가는 사람은 너희를 섬기는 사람이 되어야 한다. 자기를 높이는 사람은 낮아지고, 자기를 낮추는 사람은 높아질 것이다.(마23 : 11/눅14 : 11)

하느님나라가 도래하게 될 때, 이른바 세상 사람들이 귀하게 여기는 지식이나 지혜는 아무 쓸모가 없다.

　　하늘과 땅의 주재이신 아버지, 이 일을 지혜가 있고, 똑똑한 사람에게는 감추시고, 철부지 어린아이들에게는, 드러내 주셨으니, 감사합니다. 그렇습니다. 아버지, 이것이 아버지의 은혜로우신 뜻입니다.(마11 : 25-26/눅10 : 21)

도전적인 메시지

큐Q의 예수가 선포한 하느님 나라 메시지는 도전적이다. 일체의 기존의 가치 질서를 뒤엎어버린다. 큐Q의 예수는 하느님과 재물을 겸하여 섬기지 못한다고 경고하였다. 허나, 2천 년에 걸친 그리스도교 역사는 그 반대의 길을 걸어왔다. 재물을 하느님으로 섬기는 우상숭배의 역사였다. 교회는 맘몬에 의해 지배되었다. 근대 자본주의 시대에 접어들어 개신교Protestant 신앙은 물질화되었다. 기독교 복음의 척도는 물질적 가치에 의해서 결정되었다. 이러한 물질만능주의에 의거한 기복주의 신앙이 기독교 선교의 주류를 이루고 있을 때, 큐Q가 전해주는 가치전복에 대한 하느님나라 메시지들은 교회가 어디에 근거해서 자기 정체성identity을 찾아야 하는가를 반성하게 해준다.

제4장 사랑의 한계 철폐

양과 이리

큐Q의 예수는 제자들을 선교 현장으로 파송하면서, 반드시 지켜야 할 규정들을 요구한다.

가거라. 내가 너희를 보내는 것이, 어린양을 이리 가운데로 보내는 것과 같다. 전대도, 자루도, 신도 가지고 가지 말고, 길에서 아무에게도 인사하지 말아라.(눅10 : 3-4/마10 : 16.9-10)

철저한 무소유의 실천을 선교강령으로 주신 것이다. 돈지갑도 지녀서는 안 되고, 먹을 양식자루를 몸에 지녀서도 안 된다. 신발을 신어서도 안 되고 지팡이를 지녀서도 안 된다고 한다. 당시에 떠돌이 선교사들에게 가장 필요한 도구는 지팡이였을 것이다. 허나, 큐Q의 선교강령은 그것조차 허락하지 않는다. 전적인 무방비 상태에서 선교하라는 것이다. 철저한 무소유의 선교 실천은 하느님에 대한 전적인 신뢰가 있을 때 가능할 것이다. 먼저 그의 나라와 의를 위하여 애쓰는 사람들, 하느님께서는 그들을 결코 굶기지 않으신다는 창조주 하느님 신앙에 의지하고 선교 현장으로 나아가라고 한다.

갈릴리

큐Q복음서는, 갈릴리에서 태어난 초창기 그리스도교 공동체와 깊이 연관성이 있다. 이스라엘 역사에서 보면 갈릴리는 남유다 왕국이 아니라, 북이스라엘 왕국에 속한 땅이었다. 북이스라엘은 다윗에 의해서 남유다와 통일되었지만, 다윗의 남유다 편중정책으로 인하여 북이스라엘 지역은 소외되었다. 특히 솔로몬은 노골적인 지역 차별화정책으로 폈다. 그가 죽은 후 나라는 남유다 왕국과 북이스라엘 왕국으로 갈라지게 되었다. 기원전 722년 북이스라엘 지역은 아시리아 제국에 의해서 점령되었고, 그들의 속국이 되었다. 아시리아는 이 지역에 이방인을 강제 이주시켜 갈릴리에 거주하는 유대인과의 혼혈정책을 폈다.

기원전 63년 로마의 폼페이우스Pompeius는 갈릴리를 점령하였다. 그 이후로 갈릴리는 로마의 식민지가 되었고, 로마의 식민통치에 반대하는 사회의 불만세력들이 몰려들었다. 그중에는 특히 거덜 난 농민들이 많았다. 그들 중에는 먹고 살기 위하여 어쩔 수 없이 도둑이나 강도가 된 사람들도 있었다. 강도떼들이 사회의 치안을 불안하게 만들었다. 젤롯당은 갈릴리 북쪽에 위치한 험악한 산악지대를 거점으로 조직적으로 반反로마해방투쟁을 벌였다. 젤롯당 중에는 시카리라는 암살단이 있었다. 시카리 곧 테러리스트들은 로마인들이나 로마의 앞잡이 노릇을 하는 유대인 기득권 세력들을 불시에 공격하여 상해를 입히는 일이 자주 있었다.

기원전 47년, 갈릴리 북쪽에서 히스기아라는 도둑이 일어나 무리를 이끌고 인근 마을들을 습격하였다. 이때 헤롯이라는 젊은이가 이 도둑떼를 성공리에 제압하게 되었다. 이 당시의 공로를 인정받아 헤롯은 26세의 젊은 나이로 로마황제로부터 갈릴리 집정관으로 임명되었다. 헤롯은 히스기아를 대중 앞에서 처형하였다. 당시 헤롯의 아버지 안티파테르는 정치적으로 무능한 하스몬왕가의 대사제이며 왕권을 수행하고 있던 히르카누스를 대신하여, 팔레스타인 전 지역의 행정장관직을 담당하고 있던 터였다. 기원전 40년 헤롯은 로마의 황제 아우구스투스로부터 유다 왕으로 임명된다. 통치할 땅이 없는 명목상의 왕이었다. 같은 해에 로마의 숙적이었던 파르티아는 팔레스타인을 침공하여 안티고누스를 예루살렘 왕으로 앉혀놓았다. 이들 세력과 수년간 전쟁을 벌인 헤롯은 로마의 지원을 받아 기원전 37년 안티고누스의 군대를 정벌하는데 성공한다. 당시 갈릴리에서는 민중의 저항이 끊이지 않았다.

기원전 4년, 헤롯이 죽자 히스기아의 아들 유다가 갈릴리 농민을 주축으로 삼아 반란을 일으켰다. 유다는 갈릴리의 행정수도인 세포리를 점령하고, 스스로 왕이라 칭하였다. 갈릴리 전 지역에서 민중의 봉기가 계속되었다. 그러자 시리아의 총독 바루스Varus가 군대를 이끌고 들어와 세포리를 점령하였다. 이때부터, 갈릴리는 로마의 통치에 반대하는 저항운동의 본거지가 되었다. 기원후 6년 로마는 유대지역을 로마제국의 지방 영토로 편입시키며 인구조사를 실시했다. 물론 세수稅收를 늘리기 위해서였다. 이 시기에 바리사이파 유다가 로마의 인구조사에 반대하는 운동을 전개했고, 이와 함께 납세 거부운동을 벌였다. 당시 로마는 황제를 신으로 섬기는 황제제의caesar cult를 법제화하여 식민지 민중에게 강제하던 터였다. 갈릴리의 유다는 추종자들과 함께 황제제의 거부운동을 벌였다. 신은 오직 야훼 한 분뿐이며, 다른 누구도 신으로 섬겨서는 안 된다는 십계명 제 1계명을 거역하는 일이었기 때문이다. 기원후 6년 갈릴리 유다를 중심으로 젤롯당이 구성되었고, 그들은 반로마 항쟁을 조직적으로 펼쳐나갔다.

기원전 4년 헤롯이 죽은 후, 갈릴리는 그의 아들 안티파스에 의해서 통치되었다. 그는 기원후 39년까지, 무려 40년 이상 분봉왕分封王으로 갈릴리 지역을 다스렸다. 그의 통치기간 동안 갈릴리에서는 반反로마항쟁이 별로 일어나지 않았고, 비교적 조용한 편이었다. 기원후 30년경 엣세네파 출신 사제司祭였던 세례자 요한은 안티파스에 의해서 체포되었다. 요한은 사해dead sea 연안의 요르단 지역에 있는 마케루스machaerus 성채에 2년 동안 감금되어 있다가 그곳에서 참수되었다. 복음서는 이에 관한 이야기를 비교적 상세하게 전하고 있다.(참조, 막6 : 14-29) 안티파스가 이복동생의 아내 헤로디아를 빼앗아 결혼한 반反윤리적 행위를 세례 요한이 비판했기 때문이다. 실상 안티파스의 염려는 다른 데 있었다. 당시 요르단 강 주변을 중심으로 펼친 세례자 요한의 회개운동이 갈릴리 지역을 넘어 유대 전역에 급속히 확산되었다. 이를 방치할 경우 민중 소요로 발전할 것을 우려한 안티파스는 이를 막기 위해 사전에 조치를 취했던 것이다. 바로 세례자 요한의 처형 사건 이후, 얼마 안 있어 갈릴리 나사렛 출신의 예수라는 젊은이가 '유대인의 왕'을 참칭僭稱한 죄목으로 빌라도 총독에 의해서 사형언도를 받고 십자가에 처형된 사건이 일어났다.

　기원후 30년경에 있었던 세례자 요한의 참수사건 그리고 거의 같은 시기에 일어난 나사렛 예수의 십자가 처형사건을 기점으로 반로마 민중봉기사건은 갈릴리 전역으로 확산되어갔다. 갈릴리에는 세포리seporis와 티베리아tiberias라는 행정 도시가 있었다. 모두 헬라 및 로마 문화의 센터였다. 이곳에 거주하고 있던 유대 기득권층은 갈릴리에서 민중봉기가 확산되자 공포에 떨고 있었다. 기원후 39년 그동안 장기집권을 해오던 안티파스는 파면된다. 갈릴리의 통치권은 헤롯의 손자 아그리파 I세의 손에 넘어갔다. 아그리파는 기원후 44년까지 그의 할아버지가 다스렸던 팔레스타인 전 영토를 회복하였다. 그 후로 갈릴리는 로마가 직접 관할하는 속주屬州로 되었다. 갈릴리 전 지역에 사회적 계층 갈등이 증폭되면서 젤롯당을 중심으로 반反로마 민중항쟁이 끊이지 않았다.

　불평등한 사회구조에 의해서 변두리로 밀려난 사회적 소수자들,

곧 자영농, 일용노동자들, 채무자들, 소작농들이 젤롯당의 깃발 아래 몰려들었다. 그들은 산속이나 바위동굴로 들어가 은신생활을 했다. 그들은 지나가는 행인, 무역상, 여행자들을 불시에 습격하여 물품을 탈취하곤 했다. 이들을 복음서에서는 강도떼*lestai*라고 한다. 다른 한편, 유대의 율법종교 전통에 성실했던 경건주의 유대인들은, 그레코-로마 사회의 가치질서 또는 경제 질서에 대해 반감이 컸다. 그레코-로마 사회구조의 특징인 부익부빈익빈과 양극화 현상은 야훼 하느님 앞에서 지파支派 사이의 평등이념을 이상으로 하는 유대교 문화전통에 정면 배치되었다. 사회적 소수자들 그리고 그레코-로마 사회의 중심부에서 주변부로 밀려난 유대인 엘리트층은 동료의식을 공유하게 되었다. 이들 중 상당수는 강도떼의 우두머리가 되었다. 기원후 66년 반로마 유대해방 전쟁을 이끌었던 젤롯당의 우두머리 엘르아자르Eleazar가 대표적인 바리사이파 유대교 엘리트 출신이었다.

유대인과 이방인의 갈등

기원전 8세기 아시리아제국은 북이스라엘을 점령하자, 그들은 갈릴리 지역에 이방인들을 강제로 이주시켜 인종 혼합정책을 추진하였다. 북이스라엘 종교 전통이 강한 갈릴리를 효율적으로 통치하기 위해서였다. 한 마을에서 서로 이웃하여 살면서도, 유대인과 이방인 사이에는 소통이 안 되었고 문화적 갈등이 심했다. 갈릴리는 그리스-로마화된 도시들에 둘러싸여 있었다. 갈릴리 서쪽 지중해 연안에는 두로, 시돈, 프톨레메우스가 있었고, 남쪽에는 스키토폴리스(현재 Bet Shean)가 있었다. 갈릴리 북쪽에는 가이샤라 빌립보(현재 Banyas)가 있었고, 동쪽에는 힙포와 요르단 건너편에 가다라가 있었다. 데카폴리스 중 하나인 가다라에는 로마의 군단軍團 legion이 주둔하고 있었다. 기원전 63년 로마의 폼페이우스는 팔레스타인을 점령하자, 요르단에 있는 열 개 도시들을 하나의 동맹으로 묶어 자치권을 주었다. 이를 데카폴리스Dekapolis라고 한다. 일종의 도시국가연맹인 셈이다. 데카폴리스는 그레꼬-로마의 문화와 건축을 모방하고, 그리스의 도시국가인 폴리스polis를 모델로 삼아 그레꼬-로마의 법과 사회조직을 갖춘 도시로 만들어갔다. 데카폴리스는 주변의 농업국들을 구조적으로 착취하였다.

로마는 유대인 세관원을 고용하여 팔레스타인에서 세금을 거두어들였다. 로마에 고용되어 세금 거두어들이는 일을 담당했던 말단 세관원들은 유대인 동족同族으로부터는 민족의 배신자로 취급당했다. 그들은 유대공동체로부터 소외되었다. 복음서에는 예수와 말단 세관원에 관한 이야기가 자주 등장한다. 예수는 세관 사무실에 앉아 있는 알패오의 아들 레위를 보자, 그를 제자로 부른다. 그러자 세관원 레위는 감동하여 예수를 자기 집에 초청한다. 예수는 그의 동료 세관원들과 (이방) 죄인들과 함께 한 식탁에서 식사를 한다. 이를 보고 바리사이파 사람들과 율법학자들이 제자들에게 비난한다. 당신들의 선생은 어찌하여 말단 세관원 및 죄인들과 한 자리에서 식사를 하는가? 이를 아시고 예수께서 대답한다. 의사가 건강한 사람이 아니라 병든 사람에게 필요하듯이, 예수 또한 의인義人이 아니라 죄인을 부르러 왔다는 것이다. "건강한 사람에게는 의사가 필요 없고, 병든 사람에게 필요하다. 나는 의로운 사람을 부르러 온 것이 아니라, 죄인을 부르러 왔다."(막2 : 14-17) 예수는 또한 세관원 마태를 제자로 부르시는가 하면,(마9 : 9) 세관장 삭개오의 집에서 하루 유숙하기도 한다.(눅19 : 1-9) 예수의 민중 정체성을 말한다.

티베리아스

갈릴리 지역에 건설된 도시로는, 티베리아와 세포리를 들 수 있다. 이 두 도시는 그레꼬-로마greco-romana의 건축양식에 따라 건설된 일종의 계획도시였다. 예수가 태어나던 해인 기원전 4년 시리아 총독 바루스Varus의 세포리를 침공하여 초토화시켰다. 갈릴리 분봉왕 안티파스는 초토화된 도시를 로마식으로 새롭게 건설했다. 시가지 중심에 모든 행정사무를 총괄 처리할 수 있는 종합관청 건물인 바실리카Basilica를 짓고, 그 주위로 사각형의 도로망을 갖춘 도시를 건설하였다. 로마식 극장과 대중목욕탕도 지었다. 세포리에는 유대인 상당수가 공무원으로 근무하기도 했다. 그래서인지 유대전쟁(기원후 66~70)이 발발했을 때, 세포리 시민들은 전쟁을 반대하고 적극적으로 친親로마 정책을 펼쳤다. 이 도시는 로마군으로부터 살아남은 갈릴리 지역의 유일한 지역이었다. 로마는 세포리를 제외한 갈릴리 전 지역을 초토화시켰다.

티베리아는 기원후 19년에 건설되기 시작하였다. 안티파스는 로마황제 티베리우스의 이름을 따서 갈릴리 지역의 행정수도로 티베리아를 건설했던 것이다. 고고학의 발굴에 의하면, 이곳에도 엄청난 규모의 크기를 가진 로마식 원형극장이 있었다. 세포리와 티베리아 도시의 특징은 가옥들의 앞면이 모두 하얀색으로 칠해져 있고, 모자이크, 붉은색 기와지붕에서 발견되었다. 안티파스는 이 두 도시를 의도적으로 그레꼬-로마 풍風의 건축양식에 따라 건설했던 것이다. 유대전쟁 기간에 성난 갈릴리 민중들은 티베리아의 왕궁을 파괴했다.

유대전쟁과 젤롯당

44~66년 동안 로마는 7명의 총독을 파견하여 유대인들을 관리했다. 황제 네로는 벨릭스, 베스도, 알비누스, 그의 후임으로 플로루스를 총독으로 임명했다. 그는 악랄하고 포악했다. 성전 금고를 털어 17달란트나 큰돈을 갈취했고, 이에 저항하는 유대인들을 남녀노소 가리지 않고 닥치는 대로 십자가에 처형했다. 로마의 폭정에 견디다 못한 유대인들은 폭동을 일으켰다. 플로루스는 사면초가에 몰리게 되자, 시리아 총독인 바루스에게 응원군을 청했다. 바루스는 로마병정 1개 군단과 여러 외인부대를 이끌고 예루살렘을 진격했다. 허나, 역부족이었다. 그는 막강한 병력을 상실하고 퇴각하고 말았다. 유대의 독립군은 전국을 장악했다.

기원후 66년 그동안 팔레스타인 전역에 누적되어 있던 로마의 식민통치에 의한 사회적 모순들이 드러나기 시작하면서, 유대인들에게 널리 퍼져있던 반反로마 정서가 폭발하기 시작하였다. 이러한 팔레스타인 사회적 갈등들은, 로마의 점령세력들에 의해서 진정되기는커녕, 오히려 더욱 증폭되었다. 로마는 팔레스타인에서 매년 600달란트(1달란트는 금 40kg에 해당)의 세금을 거두어 들였다. 미화美貨로 환산하면 연간 3억3천만 달러를 거두어간 것이다. 당시 노동자 하루 품삯이 1달란트인 것을 감안하면, 엄청난 액수가 아닐 수 없다. 주전 313년 페르시아의 다리우스가 마케도니아의 알렉산더에게 패망했을 때, 전쟁 배상금으로 3만달란트를 지불했던 적도 있다. 젤롯당의 납세거부운동이 전국적으로 확산됨으로써 수세收稅에 차질이 빚어지자, 당시 총독 플로루스Florus는 예루살렘 성전으로 들어가 금과 은으로 된 성물聖物들을 강탈하여 예루살렘 민중의 원성을 사기도 했다.

 예루살렘 민중이 저항하자, 총독은 로마 군인으로 하여금 예루살렘을 약탈하도록 허락하였다. 예루살렘 시민들의 분노는 극에 달했다. 유대인들의 폭동이 걷잡을 수 없이 번지자, 플로루스 총독은 가이샤라의 총독관저를 포기하고 도피하는 신세가 되었다. 당시 역사를 기록한 요세푸스는 로마 총독의 미련함과 잔인함이 사건을 키웠고, 전국적인 반란사태로 확산시켰음을 상기시키면서, 그의 책임을 지적했다.

 기원전 2세기 마카베오 일가에 의한 독립전쟁 때부터, 유대인들 사이에는 메시아 대망 사상이 널리 퍼져 있던 터였다. 젤롯당들은

115
제4장 사랑의 한계 철폐

갈릴리를 거점으로 로마항쟁을 시작하여 반란운동을 전국적으로 확산시켜 갔다. 그들은 우리의 왕은 오로지 야훼 한 분뿐이라는 유일신 신앙Mono-Jawehism으로 무장하고, 메시아 왕국을 이 땅에 구현하려고 하였다. 그들은 로마로부터 이스라엘 주권을 회복하기 위해 생명을 걸고 투쟁함으로써 메시아 왕국을 이 땅위에 세울 수 있다고 믿었다. 젤롯당의 극우파에는 '싯카리'라는 암살단도 있었다. 젤롯당의 메시아 왕국사상은, 예루살렘의 상류층의 젊은 세대들로부터도 지지를 받고 있었다. 예루살렘 성전의 제사장들 가운데는, 로마황제를 신으로 숭배하는 황제제의Kaiser-Kult를 거부하는 사태가 발생했다. 이것은 로마에 대한 선전포고나 다름이 없었다. 로마의 행정관을 예루살렘 밖으로 몰아 낸 혁명의 지도자는 바로 대제사장의 아들이었다(유대전쟁사 2.234~235).

　젤롯당을 중심으로 반反로마 항쟁이 전국적으로 확산되어갔으나, 66년 여름 내내 로마는 아무런 조치를 취하지 않았다. 아그립바 2세가 지원하고 대제사장이 이끄는 원로들이 평화적인 협상을 위해 젤롯당 지도자들을 만났다. 그러나 허사였다. 그해 가을 시리아의 총독 체스티우스 갈루스Cestius Gallus가 군대를 이끌고 예루살렘에 진격했다. 허나, 예루살렘은 이미 젤롯당의 수중에 들어간 후였다. 젤롯당의 혁명지도자 기스할라 요하네스는 전략과 전술에 뛰어난 인물이었다. 그의 부대는 뛰어난 용맹을 발휘하여 시리아 군대를 공격하여 수많은 사상자를 내었다. 강력한 저항에 부딪혀 많은 사상자들이 속출하자, 갈루스는 하는 수 없이 퇴각하고 말았다. 갈릴리는 젤롯당의 근거지이기도 했지만, 유대인들의 피난처이기도 했다. 전쟁이 발발하자, 이방인들이 많이 살고 있는 도시에서는 소수자 유대인들이 학살당하는 사례가 늘어났다. 이를 피해 도시 거주 유대인들은 갈릴리로 피신하는 경우가 많았다. 예루살렘을 수중에 넣은 젤롯당 혁명정부는 요세푸스를 갈릴리 지역 부대장으로 임명했다.

그때 그리스에서 휴양하고 있던 황제 네로는 팔레스타인에서 벌어지고 있는 유대인 반란과 로마군의 참패 소식에 대노했다. 그는 노련하고 전쟁 경험이 많은 명장 베스파시아누스에게 반란을 진압하도록 했다. 그해 겨울 베스파시아누스는 3개 군단(로마의 1개 군단은 약 700명의 기병을 포함하여 6000명의 보병으로 구성되어 있다)과 특수부대들을 거느리고 반란군 진압하기 위해 팔레스타인으로 향했다. 67년 봄 베스파시아누스 군대는 갈릴리의 요새 요타파타 Jotapata를 맹공했다. 불과 몇 주 만에 요새는 함락되었고, 갈릴리를 점령했다. 그는 점령한 지역의 도시들을 모두 파괴하고, 반란에 가담했던 유대인들을 가차 없이 처형했다. 이때 남녀노소 가리지 않고 수 천 명의 갈릴리 사람들이 처형당했다. 그의 군대는 68년에는 여리고를 거쳐 예루살렘으로 진군해 들어갔다. 68년 여름, 네로 황제가 로마에서 갑자기 서거했다. 황제 자리를 놓고 4명의 후계자들이 권력 투쟁을 벌였다. 이로 인해 로마군의 예루살렘 진격은 잠시 주춤하였다. 그러나 젤롯당 지도자 시몬 바르 기오라가 로마군의 예루살렘 진입로를 차단하는 사건이 벌어졌다. 그러자 69년 봄 베스파시아누스는 급기야 예루살렘 성 전체를 포위하기 시작했다. 허나, 그해 여름 베스파시아누스는 로마군 세력에 의해 황제로 추대

되었다. 황제가 된 그는 로마로 떠나기에 앞서 그의 아들 티투스 Titus에게 명하여 예루살렘을 점령하도록 했다. 티투스는 70년 봄 예루살렘 성 포위를 강화했다. 9월에는 몇몇 중요 요새들을 공격해서 탈환하는 데 성공했다. 이때 티투스가 의도하지 않았던 일이 벌어졌다. 예루살렘 성전에 원인모를 불길이 치솟아 올랐다. 어수선한 틈을 노려 티투스의 군대는 예루살렘을 일제히 공격하여 성을 함락시켰다. 예루살렘은 완전히 파괴되었고, 성전과 그 벽은 '돌 위에 돌 하나' 남김없이 무너졌다. 예루살렘이 함락된 날은 유대력으로 70년 8월(아브월) 9일이었다. 티투스는 예루살렘은 로마의 도시로 만들었다. 더 이상 유대인에게는 그 안에 발을 내딛는 것조차 허락되지 않았다. 티투스는 예루살렘 성전에 보관되어 있던 일곱 촛대 메노라Menorah를 전리품으로 가져갔으며, 메노라를 옮겨가는 장면은 로마에 세워진 〈티투스의 개선문〉 안쪽에 부조浮彫되어 오늘까지 남아 있다.

일부 예루살렘을 빠져 나간 젤롯당원들은 사해 서쪽에 위치한 천연 요새 마사다masada로 퇴각하여 최후까지 항전하였다. 허나 74년 마사다 요새가 함락됨으로써 저항은 3년 만에 비극적으로 막을 내렸다. 유대인들의 정치적 메시아 운동의 꿈은 수포로 돌아갔고, 이스라엘의 역사는 종말을 고하게 되었다.

폭력 저항에 대한 큐Q의 입장

초기 그리스도교 큐Q교회는, 팔레스타인 전역이 전쟁의 소용돌이로 휩싸이기 직전에 존재했던 선교 공동체이다. 전쟁의 암운이 짙게 드리운 시점에, 큐Q교회 지도자들은 갈릴리 농촌 마을들을 돌아다니면서, 인자人子 예수는 세계를 심판하기 위해 가까운 시간 내에 다시 오실 것이라고 선포하였다. 지금이야말로 이스라엘이 회개할 수 있는 마지막 기회임을 전파하고 다녔다. 그러나 큐Q교회는 이스라엘의 정치적 메시아주의political Messianism에 대해 분명한 선을 그었다. 로마제국으로부터 이스라엘의 주권을 회복하기 위해, 젤롯당은 테러, 암살, 폭력을 포함한 온갖 종류의 정치행위를 정당화했다. 허나, 예수는 제롯당의 정치적 목표 달성을 위한 폭력의 정당화를 거부했다.

큐Q는 요한에게 세례를 받은 후, 예수께서 광야에서 사탄에 의해 유혹을 받는 장면에서 분명하게 드러난다.

그러자 악마는, 예수를 높은 데로 데리고 가서, 순식간에 세계 모든 나라를 그에게 보여주었다. 그런 다음에, 악마는 그에게 말하였다. '내가 이 모든 권세와 그 영광을 주겠다. 이것은 내게 넘어온 것이니, 내가 주고 싶은 사람에게 줄 것이니, 내 앞에서 절을 하면, 이 모든 것을 소유하게 될 것이다.' 예수께서 그에게 말씀하셨다. '성경에 기록하기를, 주 너의 하느님께 경배하고, 그분만을 섬겨라' 하였다."(눅4 : 5-8/마4 : 8-10)

본문에서 '세계'로 번역된 오이쿠메네oikumene는 로마제국을 지칭한다. 메시아의 권능에 호소하여, 로마제국의 식민지배에 맞서 이스라엘 주권을 회복시키고 싶은 젤롯당의 염원이 여기에는 들어 있다. 허나, 큐Q는 이러한 젤롯당의 염원을 악마의 생각으로 단정한다. 아마 이 말씀 가운데는, 제롯당이 주축이 된 유대인들의 폭력적 저항으로 유대 민중이 겪게 처참한 상황에 대한 큐Q교회 공동체의 신학적 성찰이 반영되어 있을 것이다.

원수를 사랑하라

너희 원수를 사랑하여라. 너희를 미워하는 사람들에게 잘 해주고, 너희를 저주하는 사람을 축복하고, 너희를 모욕하는 사람을 위하여 기도하여라. 네 뺨을 치는 사람에게는, 다른 뺨도 돌려대고, 네 겉옷을 빼앗는 사람에게는, 속옷도 거절하지 마라. 너에게 달라는 사람에게는 주고, 네 것을 가져가는 사람에게서 도로 찾으려고 하지 마라. 너희는 남에게 대접을 받고자 하는 대로, 남에게 대접하여라.

너희가 너희를 사랑하는 사람만 사랑하면, 그것이 너에게 무슨 장한 일이 되겠느냐? 죄인들도 자기네를 사랑하는 사람을 사랑한다. 도로 받을 생각으로 남에게 꾸어주면, 그것이 너희에게 무슨 장한 일이 되겠느냐? 죄인들도 고스란히 되받을 요량으로 죄인들에게 꾸어준다. 그러나 너희는 원수를 사랑하고, 좋게 대하여 주고, 또 아무 것도 바라지 말고 꾸어 주어라. 그러면 너희는 큰상을 받을 것이요, 너희는 가장 높으신

분의 자녀가 될 것이다. 그분은 은혜를 모르는 자들과 악한 자들에게도 인자하시기 때문이다. 너희의 아버지께서 자비하신 것과 같이, 너희도 자비로운 사람이 되어라.(눅6 : 27-36/마5 : 38-48)

큐Q교회는 로마의 식민 통치가 폭력적인 방법에 의해서는 결코 해결될 수 없음을 분명히 한다. 원수를 사랑하고, 박해자들 위해 기도하라는 큐Q의 예수 말씀은, 폭력을 동원한 저항운동은 결코 근원적인 해결책이 될 수 없다는 맥락에서 이해되어야 할 것이다. 폭력적으로 저항하지 않는 것도 하나의 저항방식인 것이다. 비폭력 저항 운동의 당위성을 큐Q는 원수사랑 계명과 연결시켜 말한다. 이어서 큐Q는 아무 것도 되받을 생각 말고 꾸어주라고 한다. 곧 빚진 자의 채무 탕감을 실천에 옮김으로써 하느님의 자녀가 된다고 큐Q는 말하고 있다. 은혜를 모르는 삶이나 악을 행하는 사람에게까지도, 하느님은 자비로운 분이시다. 곧 하느님의 자비는 곧 원수사랑과 채무 탕감의 실천에서 나타난다. 원수를 사랑하고 빚진 자의 채무를 탕감해줌으로써 하느님의 자비를 실천하는 것이 되고, 그럼으로써 하느님의 자녀가 된다. 이러한 평화의 복음을, 큐Q의 떠돌이예언자들은 갈릴리 지역의 시골 마을을 주유周遊하면서 전했던 것이다.

너희는 어느 집에 들어가든지, 먼저 '이 집에 평화가 있기를 빕니다!' 라고 말하여라. 거기에 평화를 바라는 사람이 있으면, 너희가 비는 평화가 그 사람에게 내릴 것이요, 그렇지 않으면, 그 평화가 너희에게 돌아올 것이다. 너희는 한 집에 머물러 있으면서, 거기에서는 주는 것을 먹고 마셔라. 일꾼이 자기 삯을 받는 것이 마땅하다. 이집 저집 옮겨 다니지 마라. 어느 마을에 들어가든지, 사람들이 너희를 영접하거든, 너희에게 차려주는 음식을 먹어라. 그리고 거기에 병자들을 고쳐주며, '하느님 나라가 너희에게 가까이 왔다' 하고 그들에게 말하여라. 그러나 어느 마을에 들어가든지, 사람들이 너희를 영접하지 않으면, 그 마을 거리로 나가서 말하기를, '우리 발에 묻은 너희 마을의 먼지를 너희에게 털어버린다. 그러나 하느님의 나라가 가까이 왔다는 것을 알아라' 하여라.(눅10 : 5-12/ 마10 : 7-8; 11-13)

갈릴리 농촌 이 마을 저 마을 떠돌아다니며 평화의 복음을 전파했던 큐Q교회 영적 지도자들은, 위와 같은 예수의 설교에 일치하는 삶을 살았다. 그들은, 돈지갑도, 식량자루도, 샌들도, 지팡이도 갖지 않고 무소유의 삶을 살았다. 어느 집이나 마을에 들어가면, 평화의 인사를 하였다. 본문에서 '평화의 아들'은, 문자적인 의미도 지니겠지만, 비非젤롯당 사람들의 평화운동에 참여하고 있는 사람들을 암시할 것이다. 본문에서는 큐Q교회 선교의 특성을 읽을 수 있다. 그들의 선교행태는 개인 선교라기보다 마을 선교에 역점을 두고 있었음을 볼 수 있다. 큐Q의 예언자들은 집이나 마을에서 그들을 영접하면, 두 가지 일을 하였다. 차려주는 음식을 받아먹는 것과, 그곳에 있는 아픈 사람들을 치유하는 일이었다. 밥상공동체와 치유공동체였다.

이와 비슷한 선교 행태는 불교의 차제걸식次第乞食에서도 찾아볼 수 있다. 불교에서 걸식은 단순히 음식을 얻기 위한 행위 이상이다. 그것은 세속의 냉대와 인정 속에서 스스로의 마음을 닦는 수행의 필수요건이기도 하다. 붓다의 제자들은 걸식을 하게 되면 일곱 집까지 차례로 방문한다. 그리고 그 집에 복을 빌어준다. 다음 집으로 옮겨가야 한다. 음식을 얻지 못할 경우에도, 그럼에도 불구하고 그 집에 저주를 내리는 것이 아니라, 복덕을 빌어주어야 한다. 이 점이 큐Q와 다르다. 큐Q에서는 무어라고 하나? 발에 묻은 먼지를 털어버리라고 한다.

평화의 복음과 박해

유대전쟁의 암운이 짙게 드리운 절박한 상황에서, 큐Q의 떠돌이 영적 지도자들이 선포한 평화의 복음은, 한편으로 유대당국에게는 하나의 도전으로 들렸을 것이고, 다른 한편으로 젤롯당에게는 다 된밥에 재를 뿌리는 훼방으로 보였을 것이다. 큐Q공동체의 평화복음 운동은 두 틈 사이에서 양쪽으로부터 모두 의심의 눈초리를 받기에 충분하였다. 예수를 따르기 위해서는, 자기 십자가를 지고 목숨을 내 걸어야 한다는 말씀은 단순히 수사적修辭的 rhetorical인 의미만을 지니는 것이 아니고, 큐Q의 영적 지도자들이 직면한 현실을 말해주고 있다. 이러한 절박한 위기상황에서 큐Q는 예수의 입을 빌려 용기와 희망의 메시지를 전한다.

육신은 죽여도, 그 다음에는 더 이상 아무 것도 할 수 없는 자들을 두려워하라. 너희가 누구를 두려워해야 할지를 내가 너희에게 보여주겠다. 죽인 뒤에, 지옥에 던질 권세를 가진 분을 두려워하여라.(눅10 : 4-5/마10 : 8)

너희가 회당과 통치자와 권력가들 앞에 끌려갈 때에, 어떻게 대답하고, 무엇을 대답할까, 또 무슨 말을 할까 하고 걱정하지 마라. 너희가 말해야 할 것을, 바로 그 시간에, 성령께서 가르쳐 주실 것이다.(눅12 : 11-12/마10 : 17-19)

누구든지 자기 목숨을 보존하려고 애쓰는 사람은 잃을 것이요, 목숨을 잃는 사람은 보존할 것이다.(눅17 : 33/마10 : 39)

큐Q는 이중으로 핍박을 당하고 있었음을 알 수 있다. 로마제국과 유대교 회당이 한편에 서 있다. 그들은 누구인가? 육신을 죽이는 자들이다. 진정으로 두려워할 것은, 로마권력이 아니라 하느님임을 큐는 말한다. 회당이나 세상 권력 앞에 끌려갈 때는 어떤 자세를 취해야 하나? 성령이 그들과 함께 하신다는 것이다. 불안해할 것이 없다고 한다. 큐는 생즉사生卽死, 사즉생死卽生의 역설paradox을 말한다. 살려고 버둥대면 오히려 죽고, 죽을 각오를 하면 산다는 것이다. 큐Q는 인자人子로 인해 핍박과 순교를 당하는 큐Q공동체의 영적 지도자들에 대해 하느님의 축복이 따로 준비되어 있음을 말한다.

사람들이 너희를 미워하고, 인자 때문에 너희를 배척하고, 욕하고, 누명을 씌울 때에 너희는 복이 있다. 그 날에 기뻐하고 뛰놀아라. 보아라. 하늘에서 받을 너희의 상이 크다. 그들의 조상이 예언자들에게 이와 같이 행하였다.(눅6 : 22-23/마5 : 11-12)

그들의 스승 예수가 그러했던 것처럼, 큐Q의 떠돌이 영적 지도자들 또한 스스로를 작은 예수로 생각했다. 그들은 작은 예수가 되어, 예수의 말씀을 다시 선포하고, 그의 행적을 그들의 삶 속에서 재실천하는 것을 목적으로 삼았다.

누구든지 너희 말을 들으면, 내 말을 듣는 것이요, 누구든지 너희를 배척하면, 나를 배척하는 것이다. 그리고 누구든지 나를 배척하면, 나를 보내신 분을 배척하는 것이다.(눅10 : 16/마10 : 40)

큐Q의 영적 지도자들은 스스로를 예수의 분신으로 생각했다. 그들은 예수와 불이관계不二關係에 있음을 까달았다. 그들은 예수 말씀을 잘 보존하고 액면 그대로 전파하는 것이 그들에게 부여된 선교 사명이라고 생각했다. 이에 근거하여 우리는 큐Q가 전하는 예수 말씀이 역사적 예수의 육성에 가장 근접해있음을 집작할 수 있다.

보편성을 지닌 예수 말씀

큐Q가 전하는 예수 말씀들은, 단지 큐Q교회 공동체 구성원에게 만 국한된 것이 아니다. 그 말씀들은 초기 그리스도교의 경계를 넘 어 보편성을 지닌다. 갈릴리 지역에서 시작된 큐Q교회 공동체의 예수운동은, 유대전쟁의 암운이 짙게 드리울 때에 아마도 시리아 서남부 지역으로 이주했던 것 같다. AD 60년경, 시리아 지역의 디 아스포라 유대인 집성촌에 뿌리를 내리면서 큐Q공동체는 그들이 보유하고 있던 예수 말씀들을 최종적으로 편집했을 것이다.

후대에 이르러 시리아 남부 디아스포라를 대상으로 선교했던 마 태교회는 큐Q가 전하는 예수 말씀들을 접하면서 예수 말씀의 이해 에 대한 넓이와 깊이를 더 해갔을 것이다. 특히 큐Q복음이 전하는 원수 사랑과 폭력포기 계명은 단순히 갈릴리 지역을 떠돌아다니는 영적 지도자들만을 위한 도덕적 주문 이상이었다. 보편성을 띤 예 수의 윤리적 요구들은 모든 사람에게도 공감을 형성한다.

남을 심판하지 마라. 그러면 하느님께서도, 너희를 심판하지 않을 것 이다. 남을 정죄하지 마라. 그러면 하느님께서도 너희를 정죄하지 않을 것이다. 남을 용서하라. 그리하면 하느님께서도 너희를 용서하실 것이 다. 남에게 주어라. 그러면 하느님께서도 너희에게 주실 것이니, 되를 누르고 흔들어서, 넘치도록 후하게 되어, 너희 품에 안겨 주실 것이다. 너희가 되질하여 주는 그 되로 너희에게 도로 되어서 주실 것이다.(눅

6 : 37-38/마7 : 1-2)

　너희는 스스로 조심하여라. 다른 제자가 죄를 짓거든 꾸짖고, 회개하거든 용서하여 주어라. 그나 네게 하루에 일곱 번 죄를 짓고, 일곱 번 네게 돌아와서 '회개한다'고 하면, 너는 용서해 주어야 한다.(눅17 : 3-4/마18 : 15.21-22)

　큐Q의 황금률Golden Rule 또한 보편적 인간행동의 근간base이 무엇인지를 보여준다. "그러므로 무엇이든지 남에게 대접을 받고자 하는 대로 너희도 남을 대접하라."(눅6 : 31/마7 : 12)『논어』의 〈위령공편〉을 보면, 춘추 시대 때 위나라 자공子貢이 공자에게 "제가 평생 동안 실천할 수 있는 한 마디 말씀이 있습니까?" 하고 묻는다. 공자가 대답한다. "그것은 바로 용서하는 것이다. 자기가 하고 싶지 않은 것을 다른 사람에게 강요하지 말아야 한다.(其恕呼. 己所不欲 勿施於人)" 자신이 하기 싫은 일은 다른 사람도 마땅히 하기 싫어할 것이다. 따라서 내가 하기 싫은 일을 남에게 강요해서는 안 된다는 말이다. 서로의 입장을 이해하며 용서하는 마음으로 다른 사람의 인격을 존중해야 한다는 가르침이다. 황금률을 예수는 보다 적극적으로 표현하고 있다면, 공자는 소극적으로 표현하고 있다. 이러한 황금률이야말로 동서양을 막론하고 인간의 모든 행동과 법 사상의 보편적인 뿌리임을 알 수 있다.
　큐Q가 전하는 예수 말씀의 이러한 윤리적 철저성은, 그레꼬-로마 사회의 통속적인 가치질서에 대한 하나의 대안적인 성격을 지니고 있음을 볼 수 있다. 그리스도인은 기존 로마의 가치질서가 아니라, 하느님 나라의 새로운 가치질서에 의거하여 생각하고 말하고 행동해야 한다. 이것은 우리를 향하여 큐Q가 전해주는 예수의 요구들이다.

제자의 길

철저한 윤리적 요구들을 담고 있는 큐Q가 전해주는 예수의 메시지들은, 아마도 초기 그리스도교 세계에서 쉽게 받아들여지지 않았을 것이다. 이러한 과격한 예수의 메시지를 듣고, 그것을 생활윤리 강령으로 삼아 실천하는 삶을 산다면, 이를 가장 가까이 있는 집안 식구들까지도 이해하지 못하고 결국 그에게서 등을 돌릴 것이다. 예수를 따르기 위해서는 심지어 가족으로부터 버림받을 각오를 하지 않으면 안 된다는 사실을 큐Q는 언급하고 있다.

누구든지 내게로 오는 사람은, 자기 아버지나 어머니나, 아내나 자식이나, 형제나 자매뿐만 아니라, 심지어 자기 목숨까지도 미워하지 않으면, 내 제자가 될 수 없다. 누구든지 자기 십자가를 지고, 나를 따라 오지 않으면, 내 제자가 될 수 없다.(눅14 : 26-27/마10 : 37)

너희는, 내가 세상에 평화를 주러 온 줄로 생각하느냐? 내가 너희에게 말한다. 그렇지 않다. 도리어, 분열을 일으키러 왔다. 이제부터 한 집안에서 다섯 식구가 서로 갈라져서, 셋이 둘에게 맞서고, 둘이 셋에게 맞설 것이다. 아버지가 아들에게, 아들이 아버지에게 맞서고, 어머니가 딸에게, 딸이 어머니에게 맞서고, 시어머니가 며느리에게, 며느리가 시어머니에게 맞서서, 서로 갈라질 것이다.(눅12 : 51-53/마10 : 34-36)

큐Q가 전하는 예수의 메시지는 청중으로 하여금 결단을 촉구하도록 한다. 큐Q 예수의 윤리적 요구들은 우리에게 도전을 준다. 갈릴리 촌락마을을 떠돌아다니며 이러한 예수의 말씀들을 전파했던 큐Q의 영적 지도자들을 따뜻하게 영접한 사람은 극소수에 불과했을 것이다. 대부분의 경우 그들은 마을 사람들에 의해 배척당했음을 알 수 있다. 비방과 박해를 전하는 예수 말씀에 대한 기록들은, 단순히 수사적^{修辭的} 표현 이상이며, 아마도 그들의 현실적인 경험들이 반영되어 있을 것이다.

맺음말

큐Q가 전해주는 예수 말씀들은, 현대를 살아가는 우리에게 어떠한 메시지를 던져주고 있는가? 선교지를 향하여 떠나는 제자들에게 주시는 예수의 엄격한 말씀이나, 원수를 대적하지 말고 사랑하라는 말씀들을 우리가 몸담고 있는 현실세계에서 문자적으로 지킨다는 것은 아마도 불가능할 것이다. 그러나 이러한 원칙론적인 예수 말씀들의 기본 취지는 시대가 바뀐다고 해서 의미가 퇴색하는 일은 없을 것이다. 그것은 곧 비폭력적 평화의 메시지이다. 가난한 사람들을 비롯한 사회 소수자들을 향한 나눔의 실천, 평화 지향적인 삶의 자세, 원수사랑, 비폭력 저항, 채무 탕감, 황금률과 같은 큐Q의 휴머니즘적인 가치들humanistic values들은 시공을 초월하여 인간이 나아가야 할 방향이며 추구해야 할 가치이어야 할 것이다.

큐Q의 선교적 맥락은 오늘 날 우리의 사회적 상황과는 다르다. 유대전쟁을 앞두고 갈릴리 사회는 사회의 양극화 현상, 빈부 계층 간의 사회적 갈등이 극에 달했을 때이다. 지배계급에 빌붙어 그들의 기득권을 수호하기에 급급했던 제사장, 바리사이파, 율법학자 등 종교권력들은 사회적 갈등을 완화시키는 역할을 하는 것이 아니라, 오히려 심화시키는 역할을 했다. 종교 기득권 세력들은 사회 통합적인 순기능이 아니라 사회 갈등을 불러일으켰다.

예수를 믿는다는 것이, 우리가 몸담고 있는 사회적 현실을 도외시한다면, 그것은 현실도피일 것이다. 큐Q복음 가운데 보다 원초적인 예수의 말씀이 보존되어 있다는 것은 의심의 여지가 없다. 신약성서의 그 어떤 책보다 큐는 우리를 역사의 예수에 가까이 인도한다. 우리는 큐Q에서 초기그리스도교 세계의 도그마dogma에 의해서 채색되지 않은 예수의 '맨 말씀', 그리고 교리화되기 이전의 생생한 예수 말씀을 만난다. 큐Q의 예수 말씀들은 우리로 하여금 갈릴리 농촌 마을을 두루 떠돌며, 하느님 나라의 위로와 희망의 복음을 전한 예수의 살아있는 숨결을 느끼게 한다. 큐Q의 예수가 전해준 사회적 소수자들에 의한 복음(Gospel by the social minorities), 사회적 소수자들을 위한 복음(Gospel for the social minorities), 사회적 소수자들의 복음(Gospel of the social minorities)은 오늘을 살아가고 있는 우리에게 어떠한 삶을 살아야 할 것인가를 알려준다. 큐Q 복음과 유사한 문학 장르를 우리는 도마복음에서 찾아볼 수 있다. 도마복음의 예수 말씀은 큐Q의 그것과 35% 정도 중복된다. 두 복음은 예수 말씀을 서로 다른 사회문화적 맥락context에서 소개한다.

제2부

제5장 큐Q교회의 사회경제적 배경

들어가는 말

초기 예수운동의 발상지는 갈릴리의 티베리아 호수를 중심으로
한 농촌지역이었다. 갈릴리 농민이 주축主軸이 된 예수운동은 두 갈
래로 뻗어나갔다. 중심부 예수운동과 주변부 예수운동이 그것이다.
중심부 예수운동이 주로 예루살렘의 사도그룹과 바울에 의해서 주
도되었다면, 주변부 예수운동은 예수를 따랐던 무명의 갈릴리 농민
집단에 의해서 주도되었다고 볼 수 있다.

중심부와 주변부

사도 전통의 중심부 예수운동에서는, 죽은 예수에 대한 신학적 반성이 복음의 핵심 개념을 이루고 있다. 구약 예언의 성취로서의 예수 죽음 이해와, 여기에서는 대속신앙代贖信仰과 부활신앙復活信仰事件이 복음의 중심에 서 있다.(고전 15 : 3-4) 예수는 우리 죄를 대신하여 죽었다는 것과 그는 죽은 지 사흘 만에 죽은 자들 가운데서 다시 살아났다는 신앙이 그것이다. 이러한 신앙에 기반을 둔 예수운동은, 예루살렘교회와 한 때 바울이 바나바와 공동목회를 했던 안디옥교회를 중심으로, 소아시아와 유럽의 대도시들을 향하여 퍼져나갔다. 물론 초기 그리스도교가 당시 그레꼬-로마Greco-Romana 도시사회에 널리 퍼져나가기까지는 바울의 공격적인 선교가 중요한 역할을 했다. 이방인 선교를 위한 사도로 부름 받은 바울의 치열한 선교 열정이 없었다면, 초기 그리스도교 예수운동은 팔레스타인 지역의 소종파sect운동으로 머물렀을 것이다. 초기 그리스도교 세계에서 바울 선교의 비중이 크면 클수록 그의 사상은 더욱 큰 영향력을 행사했다.

기원후 4세기 오랫동안 분열되었던 로마가 콘스탄티누스 황제에 의해서 하나의 제국帝國으로 통일되었다. 그는 통일 제국을 효율적으로 통치하기 위한 지배 이데올로기의 하나로 그리스도교를 선택하였다. 한 분 하느님, 한 분 구세주를 표방하고 있는 그리스도교의 교리가 황제 권위의 유일성을 내세우기에 적합하다고 판단했기 때문일 것이다.

제5장 큐Q교회의 사회경제적 배경

한국 교회에서는 매 주일 예배드릴 때마다 신도들이 한 목소리로 암송하는 신앙 고백이 있다. 열두 사도에 의해서 한 구절씩 고백된 것을 모아 만들어졌다고 전해지는 사도신조apostle creed이다. 이것은 기원후 12세기 이래로 서방 그리스도교가 미사 드릴 때부터 고백해 온 가톨릭의 신앙 전통인데, 그 원조가 325년 니케아 공의회 Nicaea Council에서 작성된 〈니케아신조〉이다. 황제의 여름 궁전에서 시행된 공의회의 배후에는 콘스탄티누스 황제의 막대한 재정적 지원이 있었음은 물론이다.

　〈니케아 신조〉는 초기 그리스도교 사도정통교회의 신앙 전통을 이어받은 서방 로마그리스도교가 예수를 어떻게 이해하고 있는가를 알 수 있는 중요한 자료이다. 니케아신조에 소급되고 있는 사도신조에서 예수는 어떤 분으로 고백되고 있는가?

　예수는 성령으로 잉태되어 동정녀 마리아에게 나신 분이다. 본디오 빌라도에게 고난 받고 십자가에 죽은 분이다. 장사된 지 사흘 만에 다시 살아나신 분이다. 하늘에 오르시어 하느님 오른편에 앉아 계신 분이다. 거기로부터 살아있는 자와 죽은 자의 심판자로 오실 분이다. 고난 받고 십자가에 죽었다는 조항을 빼면, 이 신조에서는 예수의 인간적인 모습을 찾아볼 수 없고, 그는 신적인 모습으로 묘사되고 있다. 곧 예수는 지구를 구원하기 위해 외계에서 나타난 외계인의 모습과 흡사하다.

　이와 같이 사도의 전통을 계승한 제국교회에 의해서, 예수는 인간과 질적으로 다른 하느님의 외아들로, 전지전능한 아들 하느님으로 신격화되었다. 물론 양성론兩性論을 말하기는 했으나, 그것은 단지 구색을 맞추기 위한 장치일 뿐이었다. 서방 교회 전통의 주된 흐름에서 예수는 신으로 숭배되었고 예배와 제의祭儀의 대상이 되었다. 이러한 흐름은 현금 세계 교회의 주류를 이루고 있다.

주변부 예수운동

초기 그리스도교 예수운동의 또 다른 갈래는 갈릴리 촌락사회에 뿌리를 두고 있는 큐Q교회의 주변부 예수운동이다. 사도교회의 중심부 예수운동이 '죽은 예수'에 대한 신앙 고백적인 해석과 십자가와 부활 사건의 구원사적 의미를 부여하는데 집착하고 있다면, 큐의 주변부 예수운동은 '살아있는 예수'의 말씀을 따르고 그의 삶을 사는 데 충실했다. 큐Q교회는 예수를 신으로 떠받드는데서가 아니라, 그를 삶의 동반자partner로 삼아 따르는 데서 예수 따르미로서의 정체성을 찾았다. 사도교회가 '예수에 관한 복음'(Gospel about Jesus)을 전파하는 데 집중했다면, 큐Q교회는 '예수에 의한 복음'(Gospel by Jesus) 또는 '예수의 복음'(Gospel of Jesus)을 전파하는 것을 선교 사명으로 삼았다.

큐Q교회는 예루살렘교회 또는 바울교회와 거의 동시대에 존재했다. 허나, 큐Q교회는 도시가 아니라, 갈릴리 촌락을 무대로 복음을 전파했다. 초기 그리스도교 세계에서 선교 집단들 사이의 신앙과 신학의 경향을 서로가 몰랐을 리 없을 것이다. 아마도 큐Q교회는 도시를 거점으로 한 바울 계열의 선교 운동에 알고 있었고, 그들의 신학 방향성에 대해 문제를 느꼈을 것이다. 바울은 고린도교회 신도들에게 보낸 편지에서 자기는 역사적 예수에 대해서는 전혀 흥미가 없음을 선언한 바 있다. "그러므로 우리가 이제부터 어느 누구도 육체대로(예수에 대해) 알지 않습니다. 비록 우리가 그리스도에 대해 육체대로 알았으나, 이제부터는 더 이상 그렇게 알려고 하지 않습니다."(고후5 : 16) 그가 쓴 편지들의 내용에 견주어 볼 때, 바울의 복음 이해나 선교 열정은 역사적 예수의 삶과 가르침에 근거했다기보다는 다마스쿠스에서 있었던 그의 주관적인 환상 체험幻想體驗에 근거하고 있다.(행9 : 1-19; 22 : 6-16; 26 : 12-18) 그의 선교 열정 또한 역사의 예수의 삶이나 가르침에서 나온 것이 아니라 부활의 예수 체험에 근거한다.(롬1 : 1-6)

큐Q교회는 이와 같이 그레꼬-로마 세계의 도시를 거점으로 전개된 사도와 바울 계열의 선교가, 갈릴리 예수의 삶과 가르침에서 빗나가고, 갈릴리 농민에 의해 전개된 하느님나라 운동 정신과 무관하게 진행되어가고 있음을 간파했을 것이다. 사도교회가 복음의 본질로 내세우고 있는 대속신앙과 부활케리그마를 큐Q복음에서는 찾아볼 수 없다. 결코 우연한 일로 넘겨버릴 수 없는 사태이다. '예수의 복음'이 '바울의 복음'에로 바뀌어가고 있음을 큐Q교회는 알아챘을 것이다. 바울이 갈라디아서 '다른 복음'을 비판하고 있다.(갈1 : 6-10) 허나, 큐Q교회의 입장에서 보면 역사적 예수의 삶이나 가르침과 동떨어진 바울의 복음이야말로 '다른 복음'으로 보였을 것이다. 갈릴리 예수의 가르침과 삶이 결여된 안디옥교회의 대속신앙과 부활신앙이 큐Q교회 신도들에게는 공허하게 보였을 수 있다. 그들은 복음의 진정성을 죽은 예수에 대한 구원론적 해석에서가 아니라 역사적 예수의 삶과 가르침에서 찾았다. 큐Q교회는 그들이야말로 역사적 예수운동의 정통성을 계승하고 있다는 자부심을 가졌을 것이다.

갈릴리의 사회경제적 정황

큐Q교회의 주변부 예수운동을 바르게 이해하기 위해서는 무엇보다도 큐Q교회 운동의 주 무대였던 갈릴리 농촌사회에 대한 사회경제적 이해가 선행되어야 할 것이다.

근대 자본주의 세계에서 과학기술의 세계관을 가지고 살아가고 있는 현대인에게 예수가 살았던 고대 갈릴리의 농업적 세계관이나 가치관은 생소하고 낯설게 느껴질 것이다. 인류역사의 지평에서 볼 때, 경제는 주도적이기는 했지만 사회적 여러 관계를 구성하는 하나의 요인이었다. 개인의 경제행위는 사회문화적 가치와 결합되어 있었으며, 경제는 사회적인 제약 하에 놓여 있었다. 허나, 인류역사가 지구촌 자본주의 시장경제체제에 들어서면서, 경제는 사회문화적 맥락에서 우위를 차지하게 되었고, 기존 인간의 사회적 관계를 경제적 가치 중심으로 재편시켰다. 자본주의 시장경제체제에서 자연 또한 인간의 삶의 터전이 아니라 단지 생산성 제고를 위한 수단으로 객체화되었고 착취의 대상으로 삼았다.

1세기 팔레스타인의 갈릴리 농민은 로마제국의 식민통치, 예루살렘성전 종교, 헤롯 왕정의 압제 하에서 삼중고를 겪고 있었다. 로마는 피식민 지역의 귀족들을 내세워 간접 통치를 했는데, 갈릴리 도시를 통해 변두리의 촌락을 착취하는 형식이었다. 예수시대에 헤롯가문의 왕들은 주요 행정 도시였던 세포리스를 재건했고, 안티파스는 AD 18년 갈릴리 호수 서쪽에 로마황제 티베리우스의 이름을 따 새로운 도시 디베리아스를 건설했다. 세포리스가 예수의 고향 나사렛에서 그리 멀지 않은 곳에 있었다면, 티베리아스는 예수의 하느님나라 운동 선교센터가 있었던 가버나움과 멀지 않은 곳에 있었다. 헤롯왕정은 디베리아스에 거대하고 웅장한 로마식 원형경기장, 신전 등을 세워 이를 황제에게 바쳤다. 큐Q교회 시대에 갈릴리에서 추진되었던 도시 재건축과 새로운 도시 건설은 변두리 촌락의 소작인들에게 엄청난 경제적 부담을 안겨주었고, 그들을 노역과 경제적 빈궁으로 빠져들게 했다.

원래 갈릴리는 예루살렘과 남유다와 달리, 북 이스라엘왕국의 역사와 문화 전통이 강했던 땅이다. 이 지역은 BC 104년에 이르러서야 비로소 하스몬왕가에 의해서 유대−예루살렘의 행정구역으로 편입되었다가, BC 63년에 로마의 통치 하에 들어갔다. 따라서 예수와 큐Q교회 시대 갈릴리의 문화 전통은 다윗왕조 전통과 예루살렘 성전종교로부터 상대적으로 자유로웠다. 대신, 야훼 앞에서 상호협력과 호혜평등 이념을 중요한 사회적 가치로 삼았던 모세의 계약전통covenant tradition이 강하게 살아 있었다. 모세계약의 중심에는 십계명, 안식일규정이나 희년법이 서 있다. 약자 보호가 핵심을 이루고 있다. 모세계약 전통은 주로 촌락사회에서 사회적 소수자들social minority을 보호하기 위한 법적 장치들이었다. 모세계약 전통에 선 예언자들은 다윗왕조의 지배이데올로기에 항거하여 촌락에서 공동체성의 회복과 사회적 약자들의 입장을 보호하는 것을 하느님의 뜻으로 선포했다. 모세계약 전통의 상호협동과 호혜평등의 공동체성 가치는 큐Q교회 시대에도 여전히 갈릴리 촌락농민들의 삶을 지탱하는 에토스였다.

'예수 세미나'의 예수 이해

로마제국과 헤롯왕조가 갈릴리에서 그레꼬-로마Greco-Romana의 보편주의에 입각한 도시화정책을 강력하게 추진했던 것은 부정할 수 없다. 설사 그렇다 하더라도, 최근 북미의 '예수 세미나'Jesus Seminar 계열의 학자들이 주장하는 바처럼, 헬레니즘문화가 갈릴리 촌락사회에 깊숙이 침투하여 그들의 정서를 지배했다고 보는 것은 속단이 아닐 수 없다. "예수 메시나" 학자들은 예수를 당시 유대 인습因習문화의 타파를 부르짖었던 견유학파 현자賢者 cynic sage의 한 사람으로 이해한다. 타이센G.Theissen은 일찍이 예수를 카리스마를 지닌 '떠돌이 방랑 예언자'로 성격지은 바 있다. 이에 의거하여 그들은 예수를 유대사회에서 반문화운동反文化運動 counter culture movement을 전개했던 유대 견유학파의 한 사람으로 규정한다. 이러한 예수 이해는, 최근 북미 지식사회에서 유행하고 있는 문화적 에토스를 반영한다. 성서를 읽을 때 경계하지 않으면 안 되는 함정이 있다.

143

나와 동시대의 가장 이상적인 사상이나 인물과 예수를 동일시하려는 경향이 그것이다. 예수를 반문화운동의 견유철학자 중 한 사람으로 이상화하고 있는 '예수 세미나' 학자들은, 현대 미국 자본주의에 대한 비판적 지식인 사회에서 일고 있는 반문화적 에토스를 예수에게 투영하고 있음을 볼 수 있다.

AD 1세기 갈릴리의 전체 인구는 대략 15만 명 정도였다. 그중 헬레니즘화된 두 도시 세포리스와 디베리아의 인구는 모두 합쳐서 전 인구의 1/10 정도 되었다. 제2성전기the second Temple period(BC 538~) 이래로 북왕국 이스라엘의 문화 전통 속에 살았던 던 갈릴리 농민들은, 그들에게 새로운 문물이었던 예루살렘의 성전종교 문화와 그레꼬-로마 문화가 들어왔을 때, 그들의 삶의 방식에 일종의 위협을 느끼지 않을 수 없었을 것이다. 자본주의와 과학기술의 세계관 속에서 살아가는 현대인에게 예수시대 갈릴리의 농업적 세계관이나 가치관은 아마 생소하고 낯설게 느껴질 것이다.

예루살렘 종교와의 충돌

아브라함과 이삭과 야곱과 모든 예언자는 하느님나라 잔치에 참여할 것인데, 너희는 바깥으로 쫓겨난 것을 너희가 보게 될 때에 거기서 슬피 울며 이를 갈 것이다.(눅13 : 28-29Q)

본문에서 아브라함, 이삭, 야곱, 예언자들은 누구를 지칭하는가?

모세계약 전통에 충실한 갈릴리의 큐Q교회 구성원이다. 바깥에 쫓겨난 '너희'는 누구인가? 바리새파 사람들과 율법학자들이다. 물론 그들은 성전이 중심의 예루살렘 종교를 대변하는 유대종교 집단들임을 알 수 있다.

큐Q는 죽임당한 예수에게서 '우리 죄를 위해서'라는 대속교리代贖敎理를 찾지 않는다. 예수처형의 이유를, 신명기 전통에서 예루살렘 종교의 사회적 불의不義의 결과에서 찾는다. "예루살렘아, 예루살렘아, 예언자들을 죽이고, 네게 파송된 사람들을 돌로 치는구나! 암탉이 제 새끼를 날개 아래 품듯이, 내가 몇 번이나 네 자녀를 모아 품으려 하였느냐? 그러나 너희는 그것을 원하지 않았다."(눅13 : 34Q) 예수의 죽음을 큐는 구원사적 의미의 지평에서가 아니라, 역사적 진정성의 지평에서 이해한다. 예수가 죽임당한 것은 어디까지나 예루살렘 종교의 불의의 결과라는 것이다. 큐Q복음의 예수는 제자들을 향하여 이스라엘 열두지파를 심판하게 될 것이라고 예언한다.(눅22 : 28-30Q) 물론 예루살렘 성전종교에 대한 비판이다.

큐Q교회의 예수운동은, 갈릴리 촌락에 뿌리를 둔 모세계약(레19장)의 상호협동과 평등주의의 종교문화 전통을 파괴하고, 갈릴리 농민을 성전제의에 복속시키려고 하는 예루살렘 종교집단을 비판한다. 예루살렘에서 온 바리새파 사람들에 대한 비판이 특히 큐Q의 본문에 자주 등장하는 것은, 큐Q교회와 예루살렘 종교집단과의 갈등을 반영한다. 그 뿌리에는 예루살렘의 다윗왕조 전통과 북이스라엘의 모세계약 전통 사이의 갈등이 들어있다.

큐Q의 예수운동은, 상호협동과 호혜평등을 공동체의 근간으로 하는 모세계약 전통의 회복과 갱신운동의 일환이었던 셈이다. 이러한 갱신운동은 마가교회의 예수운동에서도 나타난다. 마가복음 7장에 따르면, 예수는 "네 부모를 공경하라"는 모세계약 전통을 무시하고,(레19 : 3) '고르반'이라는 말로 예루살렘 성전을 후원하도록 종용하는 성전지배체제의 요구를 거부하고 있다.(1-13절) 가정에서 부모에 대한 효를 다하는 것이 성전에 대한 종교적 의무를 다하는 것보다 우선하는 종교적 가치임을 예수는 분명히 천명하고 있다. 성전의 가치보다 가정의 가치를 앞세운 것이다. 예수의 이혼금지 명령도 마찬가지다.(막10 : 1-12) 예루살렘 지배계층의 문화에서는 이혼이 자유화되어 있었다. 그들은 이혼제도를 양성화함으로써, 정략결혼과 재혼을 통해 그들의 토지를 합병하고 확장하는 도구로 이용하였다. 허나, 예수는 모세계약이 말하는 창조사역의 지평에서 이혼금지를 말한다.(창1 : 27) 그의 이혼금지 명령에서는 사회를 구성하는 기본요인이 가족제도에 있음이 강조된다.

예수는 영생을 얻는 방법에 대해서 묻고 있는 한 사람에 대해서는 예수는 계명을 지킬 것을 말한다. 예수는 모세계약에 의거하여(신6 : 5; 레19 : 18), 하느님 사랑과 이웃사랑(愛人)을 가르친다.(눅10 : 25-28Q; 참조, 막12 : 28-34) 큐Q의 예수는 경천애인敬天愛人 사상을 모세계약의 요약으로 선언한다. 경천애인敬天愛人 사상은 개인주의적인 도시의 회중교회congregational church보다는 촌락공동체 신앙 스타일에 잘 부합된다. 큐Q교회의 예수운동은 모세계약 정신에 입각한 갈릴리 촌락공동체의 상호협동과 호혜평등의 경제관계의 회복을 지향한다고 볼 수 있을 것이다. 로마제국의 도시화정책으로 인하여 가족과 촌락공동체가 해체되어가는 상황에서, 갈릴리 가버나움에 있는 선교센터에 모인 마을 주민들을 향하여, 예수는 하느님의 뜻을 실천함으로써 상호협동적인 가족공동체의 회복할 것을 권면한다.(막3 : 31-25)

큐Q교회의 예수운동

기원전 1세기 갈릴리는 하스몬왕가의 오랜 내분과 로마의 침탈로 인하여 극도로 피폐하게 되었다. 기원전 4년 헤롯 I세의 죽음에 즈음하여 일어난 갈릴리 농민들의 대규모 봉기들이 이를 입증한다. 헤롯왕가의 무거운 과세, 로마의 조공, 성전세, 십일조, 안티파스의 대규모 디베리아 도시건설 계획 등은 갈릴리 소작인들의 경제적 부담을 가중시켰다. 큐Q교회가 그의 시대를 묵시적 종말이 때로 인식한 것은 이러한 사회적 조건과 무관하지 않을 것이다.(눅3 : 9Q) 큐Q복음이 소개하는 예수의 묵시적 종말선포와 사회비판 메시지는 한 동전의 양면이다. 묵시종말사상은 단순한 환상 이상이다. 거기에는 억압받는 민중의 새 세계에 대한 꿈과 열망이 내포되어 있다. 큐Q의 묵시종말사상에는 예수를 따르는 갈릴리 소작인들의 현실적인 염원이 신화적 모습을 띄고 담겨 있다. 큐Q교회는 묵시적 종말의 때에 임하게 될 '새 세계'를 모세계약 전통에서 찾았다. 큐Q교회 예수운동에서 하느님나라는 '오래된 미래'(ancient future)였던 것이다.

147

큐Q교회 시대, 갈릴리 촌락공동체의 모세계약 전통을 파괴하는 주범은 무엇이었는가? 갈릴리 소작인들이 처한 경제적 현실이었다. 곧 빈곤 문제와 채무 문제였다. 큐Q복음은 요한 세례자의 심판 설교에서 시작된다. 예루살렘과 유대와 요단강 주변에서 몰려든 사람들을 향하여 큐Q의 요한은 "독사의 자식들아! 닥쳐올 징벌을 피하라고 누가 일러주었느냐?"라고 혹독하게 비판한다.(눅3 : 7Q) 스스로 아브라함의 자손임을 자랑스럽게 여긴 유대인들을 향하여 큐의 요한 세례자는 회개metanoia의 길을 알려준다. 무엇이 회개인가? 옷 두 벌 가진 사람은 없는 사람과 나누고, 먹을 것을 가진 사람도 이와 같이 나누는 것이다.(눅3 : 11Q) 큐Q는 회개를 모세계약의 맥락에서 '나눔'sharing의 실천과 결부시킨다. 큐Q복음은 예수께서 세례 받는 장면을 소개한다. "예수께서 세례를 받으시고 기도하시는데, 하늘이 열리고 성령이 비둘기 형체로 그 위에 내려오셨다. 그리고 하늘로부터 소리가 났다. 너는 내 사랑하는 아들이다. 내가 너를 좋아한다."(눅3 : 21-22Q) 한갓 나사렛 촌부로 생활해 오던 예수가 아니었는가? 그가 세례를 받고 물위로 올라올 때 천어天語를 듣는다. 내가 하느님의 아들이오, 내 존재 자체가 하느님의 기쁨이라는 음성이다. 불교적 언어로 풀면 천상천하유아독존天上天下唯我獨尊의 깨달음이다. 자존감, 곧 자기 존재의 고귀함에 대한 새로운 각성을 큐Q는 개천開天 사건이요, 성령임재 사건으로 이미지화한다.

자기 존재에 대한 새로운 깨달음을 얻은 예수는 광야에서 40일에 걸친 금식 수행을 한다. 자기가 과연 하느님의 아들인지를 확인하는 기간이었을 것이다.(눅4 : 1-12Q) 사탄은 세 가지로 유혹한다.

돌을 빵으로 만들라는 경제적 유혹, 내게 절만 하면 세상 권세를 주겠다는 정치적 유혹, 성전 꼭대기에서 뛰어내리라는 종교적 유혹이 그것이다. 예수는 사탄의 유혹을 하느님 말씀으로 물리친다. 예수가 하느님 아들임이 확증되는 것은 그가 기적을 행했기 때문이 아니라, 하느님 말씀에 순종했기 때문이라고 한다.(참조, 신8 : 3) 여기에서 하느님 말씀은 무엇을 가리키는가? 약자보호법과 희년사상禧年思想이 핵심을 이루고 있는 모세계약법이다.

큐Q가 소개하는 예수의 첫 설교 내용은 무엇인가? "너희 가난한 사람들은 복이 있다. 하느님나라가 너희의 것이다."(눅6 : 20Q) '가난한 사람들'ptochoi이 복이 있다고 한다. 큐Q교회는 하느님나라의 첫 수혜자로서 극빈자들을 설정한다. 그들은 곧 갈릴리 촌락의 소작인들이다. 큐Q교회 예수운동은 가난한 사람들을 위한 복음운동(gospel movement for the poor)이었음을 보여준다.

갈릴리 소작인들이 처해 있는 절박한 사회경제적 궁핍 상황을 큐Q는 자연을 비유로 들어 하느님나라를 설명하는 예수의 말씀으로 전한다.(눅12 : 22-34Q) 예수는 그를 따르는 제자들을 향하여 무엇을 먹을까, 무엇을 입을까 염려하지 말라고 한다. 까마귀는 유위적인 노력 없이도 살아가지 않는가? 백합은 유위적인 수고 없이도 아름답게 피어있지 아니한가? 예수는 자연을 예로 들어 염려에서 해방된 삶을 살 것을 촉구한다. "오늘 있다가 내일 아궁이에 들어갈 들풀도 하느님이 이렇게 입히시거든 하물며 너희일까보냐?"(눅12 : 28Q) 예수는 자연 미물의 무위자연적無爲自然的 삶을 상기시킴으로써 갈릴리 소작인 출신 제자들로 하여금 식의食衣에 대한 염려에서 해

제5장 큐Q교회의 사회경제적 배경

방된 삶을 살도록 한다. 먼저 하느님나라를 구하는 삶을 실천함으로써 인간은 염려에서 벗어날 수 있다. 이 말씀의 배경에는 창조주에 대한 전적인 신뢰가 깔려 있다.

큐Q에는 예수께서 제자들에게 가르쳐준 기도문이 나온다.(눅11 : 2-4Q) 하느님나라가 임하도록 기원하는 내용에 이어서 '하루 살아가는 데 필요한 끼니'를 위해서 그리고 '우리가 우리에게 빚진 사람들을 용서하오니, 우리 죄를 용서해 달라'는 기도를 하라고 한다. 당시 갈릴리 사회체제에서 채무의 불이행은 곧 가정과 인간적인 삶의 파탄을 의미했다. 주기도문에서 큐Q의 예수는 당시 갈릴리 촌락의 경제시스템을 문제시하고 있음을 볼 수 있다. 하루 끼니 문제와 부채, 곧 빚 문제의 해결 없이, 하느님나라의 임재는 생각할 수 없다는 것이 큐Q 주기도문의 주요 골자이다.

큐Q가 전해주고 있는 '원수사랑 계명모음'에 관한 예수 말씀들도 갈릴리 촌락의 사회경제적 형편을 반영한다. "…도로 받을 생각을 하고 남에게 꾸어주면, 그것이 너희에게 무슨 장한 일이 되겠느냐? 죄인들도 그만한 일은 한다. 도로 받을 생각으로 남에게 꾸어주면, 그것이 너희에게 무슨 장한 일이 되겠느냐? 죄인들도 고스란히 되받을 요량으로 죄인들에게 꾸어준다. 그러나 너희는 원수를 사랑하고, 좋게 대하여주고, 또 아무 것도 바라지 말고 꾸어 주어라. … 너희의 아버지께서 자비하신 것과 같이, 너희도 자비로운 사람이 되어라."(눅6 : 32-36Q) 되받을 생각 말고 꾸어주라는 것이다. 큐Q는 원수사랑계명을 부채 탕감의 맥락에서 소개한다. 이것은 희년법 지평에서 갈릴리 소작인들 사이의 부채 탕감의 문제로 읽어야 바르게 이해될 수 있을 것이다. 부채를 탕감해주는 일이야 말로, 하느님 아버지의 자비oiktirmones를 행하는 길이라고 한다.

요한 세례자가 옥에 갇혔을 때이다. 그는 두 제자를 불러 예수를 찾아가 과연 당신이 누구인지를 묻게 한다.(눅11 : 18-23Q) "가서 너희가 보고 들은 것을 요한에게 알려라. 눈먼 사람이 보고, 다리 저는 사람이 걷고, 나병환자가 깨끗해지고, 귀먹은 사람이 듣고, 죽은 사람이 살아나고 가난한 사람이 복음을 듣는다."(22절Q) 이 말씀에서 우리는 큐Q교회의 예수 이해를 볼 수 있다. 그들에게 예수는 갈릴리 촌락사회에 흔히 만나게 되는 사회적 소수자들과 가난한 사람들의 일상적인 고통을 해결해 주는 삶의 동반자partner로서 이해하고 있었음을 보여준다.

이상에서 간략하게 살펴본 큐Q교회의 예수운동은 갈릴리 농촌사회의 공동체성 회복을 지향한다. 그들은 모세계약의 지평에서 가난한 사람들을 위한(for the people) 복음을 선포했던 것이다.

나가는 말

큐Q교회 예수운동의 특징은 무엇인가? 예수의 가르침과 삶의 스타일을 따라 자발적 가난과 무소유의 삶을 사는 것이었다.(눅10 : 4Q) 큐Q교회의 선교 과제는 무엇이었는가? 로마의 도시화정책에 의해서 해체되어 가는 양극화 사회의 현실 속에서 갈릴리 농촌마을의 공동체성을 되살리는 것이었다. 모세계약법의 경천애인사상을 바탕으로 큐Q교회는 무소유, 부채 탕감, 밥상공동체, 무상치유운동을 펼쳐나갔다. 이러한 운동은 빈곤과 부채에 시달리는 갈릴리 소작인들의 삶을 보호함으로써 모세계약법의 공동체성을 되살리는 일과 분리되지 않았다.

만약 교회가 그가 몸담고 있는 사회현실을 외면하면서 복음전파를 말하고 선교를 운운한다면, 그런 행위는 신앙의 도피이며 역사의 예수에 근거한 복음의 본질과는 무관한 일이다. 아무리 교회가 부흥하고 교세 성장에 도움이 된다 하더라도, 하느님의 뜻에 어긋나는 일이라면, 그 어떤 불이익을 감수하더라도 교회는 단호히 '아니오!'를 말할 수 있어야 한다. 원칙주의와 비타협성 그리고 해체되어가는 갈릴리 농촌의 공동체성 회복을 중요한 신앙덕목으로 전하고 있는 큐Q교회의 예수운동은 현금 한국 교회, 특히 한국 농촌교회의 현실에서 시사해 주는 바가 크다 말하지 않을 수 없을 것이다.

제6장 큐Q와 역사의 예수 탐구

한국 교회의 성과주의 신앙

21세기는 인류문명의 전환기에 접어들면서, 한국 개신교는 위기에 직면해 있다. 최근 여론조사에 따르면, 젊은 층과 고학력자들의 교회 이탈 현상이 타종교에 비해 가장 높게 나타났다. 비종교인들의 종교 선호도조사를 보면, 개신교가 최하위로 나타나고 있다.

어디에 그 원인이 있는가? 첫째, 성장제일주의에서 유래한 피로감에서 찾을 수 있다. 한국 개신교는, 한국사회 근대화 과정에서 나타난, 경제개발정책에 편승하여, 교회의 양적 성장에 총력을 기울여왔다. 미국식 번영신학과 '하면 된다'(can do spirit)는 과도한 긍정신앙이 한국 개신교 신도들의 신앙에 깊이 내면화되어 있다.

한 때 한국 교회의 성장 동력으로 작용했던 과도한 긍정신앙이,

지금 어떻게 변했는가? 부메랑이 되어 한국 교회의 목을 치고 있는 형국이다. 현금, 사회의 지탄을 받고 있는, 대형교회들의 반복음적 反福音的이고 반사회적인反社會的인 행태들 성과주의 긍정신앙과 무관하지 않다. 미국식 번영신학과 긍정신앙은, 복음의 본질을 잃게 만들었고, 한국 교회를 정체성의 위기로 몰아넣고 있다. 인류역사는 각 시대마다 그 사회를 규정짓는 고유한 질병이 있다. 21세기를 대표하는 사회적 질병은 무엇인가? 우울증이다. 주의력결핍, 과잉행동장애와 같은 신경성질환이다. 우울증은 어디에서 오나? 기대와 현실 사이의 간극에서 온다. 기대를 성취하지 못한 데서 오는 실망과 좌절, 피로에서 온다. 한국 교회는 축복과 성과주의를 신으로 섬기고, 예수와 신앙의 본질을 잃어버렸기 때문이다. 한국 교회는, 작금 성장과 성과주의 신앙의 압박에 시달리며 스스로를 착취하다가 탈진하여 우울증 환자가 되었다. 성과주의 신앙과 과도한 긍정마인드는, 신도들에게 과중한 심리적인 부담을 안겨주고, 신앙생활에 있어서 극단적인 피로를 불러온다. 피로는 우울증의 증상 가운데 하나다. "예수 믿고 부자 되자." "하면 된다." "안되면 되게 하라." "믿는 자에게 능치 못함이 없다." 이러한 긍정신앙의 슬로건들은, 한국 교회에 순기능만 하지 않는다. "예수 믿으면 부자 된다"고 해서 신앙생활을 열심히 했는데, 부자가 안 되면 어찌 되는가? 한계를 느끼게 되고, 우울증 환자가 된다.

"아무리 믿습니다 주여 3창 부르며 부르짖어도, 안 되는 것은 안된다." "안 되면 일찍 포기하라." "오르지 못할 나무는 아예 쳐다보지도 말라." 성과주의 신앙을 내려놓아야 한다. 그래야 우울증에서 벗어날 수 있다. 아마도 이런 신앙의 마인드가 미래에는 한국 교회에 순기능으로 작용할지도 모르겠다. 한국 교회는, "무엇이든 하면 성공할 수 있다."라는 믿음을 주입시키지만, 아무리 열심히 노력해도 안 되는 것은 안 된다. 결국 스스로 한계를 느끼고 우울증에 빠지게 된다. 산은 누구나 오를 수 있다. 허나, 누구나 오르는 것은 아니다. 한국 교회는 성과주의 신앙서 벗어나야 한다. 그래야 복음의 본모습을 회복할 수 있다.

둘째, 성과주의 신앙과 더불어, 한국 교회를 병들게 한 또 다른 이유로 반지성주의反知性主義를 들 수 있다. 의심 없이 무작정 믿는 것이, 기독교인의 신앙 자세여야 한다고 주장하는 사람들도 있다. 이러한 '묻지 마 믿음'은, 인간과 세계에 대해서 진지한 이해를 가지고 신앙생활을 하고자 하는 기독교인에게 그다지 도움이 되지 않는다. 예수에 대해 무엇을 알고 있는가? 어떻게 알고 있는가? 근원에서부터 다시 생각해볼 일이다. 성서에 대해 크게 의심하면 큰 깨달음에 이르게 된다. 큰 깨달음을 가질 때 우리는 성숙한 신앙에 도달할 수 있다.

기록을 남기지 않은 예수

예수는 새로운 종교를 창건할 의도가 없었다. 그가 죽고 나서, 한 세대쯤 지나서야 비로소, 예수는 새로운 종교의 창시자로 떠오르게 되었다. 예수 추종자들은, 애초에 유대교 회당공동체에 속해 있었다. 시간이 흐르면서, 그들은 유대교에서 분가分家하여 기독교가 탄생하게 된 것이다.

예수 추종자들은, 시간이 흐름에 따라, 그들의 스승 예수에 대한 기억이 희미해지고, 신앙의 정체성 상실을 우려했을 것이다. 신앙의 위기를 극복하기 위해, 그들은 예수께서 생전에 행하신 일이나, 그들에게 주신 가르침을 기록으로 남겨 후세에 전할 사명감을 갖게 되었을 것이다.

처음에 예수 이야기들은 입에서 입으로 전해 내려왔다. 허나 구전에는 한계가 있다. 우선 구전은 그것이 진짜 예수 말씀인지 확인할 길이 없다. 예수 말씀이 와전되는 것이 문제였다. 정확성을 기하기 위해서는, 말보다 글이 훨씬 유리하다. 그래서 예수 이야기들은, 하나 둘 씩 파피루스에 글로 기록되기 시작했다.

예언과 사건

현재 신약성서에 들어있는 복음서 중 가장 일찍 기록된 것이 무엇인가? 마가복음이다. AD 70년경 기록되었다. 예수가 죽은 지 40년 후다. 따라서 복음서에 기록되어있는 예수 말씀들은, 마가복음 저자가 예수 육성을 그대로 받아 적은 것이라고 볼 수 없다. 한 구절만 보자.

보아라, 우리는 예루살렘으로 올라가고 있다. 인자가 대제사장들과 율법학자들의 손에 넘어갈 것이다. 그들은 인자에게 사형을 선고하고, 이방인들에게 넘겨줄 것이다. 그리고 이방인들은 인자를 조롱하고 침 뱉고 채찍질하고 죽일 것이다. 그러나 그는 사흘 뒤에 살아날 것이다.(막10 : 33-34)

이 본문은 예수가 한 말로 되어 있다. 40년 전 예수가 한 말씀을 마가가 어떻게 알고 이렇게 정확하게 기록하고 있을까? 그것은, 복음서를 쓴 사람이, 예수께서 나중에 어떻게 수난을 당했는지 그 정보를, 미리 알고 있었기 때문에 가능하다.

그런데 마가복음이 전하는 이 예수의 예언 말씀은 역사적 사실과는 다르다. 예수에게 사형선고를 내린 당사자가 누구로 되어 있는가? 대제사장과 율법학자들로 되어 있다. 이 주장은 역사적 사실에 부합하는가? 그렇지 않다. 로마법에 따르면, 식민지 백성에게 사형 언도를 내릴 수 있는 권한은 누구에게 있었는가? 로마 총독이다. 예수시대에는 본디오 빌라도였다.

만약 복음서 저자들이, 로마 총독이 예수를 저항운동의 괴수魁首로 여겨 십자가에 처형했다는 것을 기록으로 남겨보라. 로마는 기독교의 씨를 말려버렸을 것이다. 아마 세계적인 종교로서의 지금 기독교는 존재하지 않았을 것이다.

큐Q는 신앙고백서인가?

복음서를 쓴 사람들은, 도대체 어떤 동기에서 이를 기록했는가? 이를 알기 위해서는, 복음서를 읽은 사람들이 어떤 부류의 사람이었는가를 알면 된다. 그들은, 예수를 신의 아들 메시아로 믿는 사람들이었다. 복음서를 기록한 목적도 예수메시아 신앙을 강화하기 위해서였다.

그들이 믿은 예수는 누구였는가? 목수 요셉의 아들 나사렛 청년 예수였다. 예수는 그의 추종자들과 동고동락하며, 갈릴리를 주요 무대로 하느님나라 운동을 펼치다가, 예루살렘에서 십자가에 처형된 분이다. 죽은 예수를 하느님께서 다시 살렸다! 추종자들의 부활신앙이 기독교의 출발점이다.

부활신앙은 두 가지 메시지를 던져준다. 예수 신성신앙과 대속신앙이 그것이다. 우리가 따랐던 나사렛 예수가 다름 아닌 하느님의 아들인 신적인 존재이며, 그의 죽음은, 우리 죄를 대신하기 위해서라는 것이다.

부활신앙의 빛에서 추종자들은, 예수의 생애를 회고했다. 예수가 병자를 고치고, 귀신을 내쫓고, 물위를 걷고, 파도를 잠잠하게 하고, 이어오병二魚五餅으로 5천명 먹이는 기적을 행하는 것은, 그가 바로 신성神性을 지닌 메시아이기 때문에 가능한 것으로 해석했다. 복음서의 기적 이야기들이 이미 부활신앙에서 확정된 예수 신성신앙을 강화하기 위한 증빙 자료로 사용되었던 것이다. 복음서는 역사도 아니고 신앙도 아니다. 동시에 역사와 신앙을 떠난 그 어떤 것도 아니다.

예수가 하느님의 아들 그리스도라는 신앙고백, 곧 예수에 대한 신성신앙은 언제 생겨났는가? 추종자들의 부활신앙 사건을 경험한 이후다. 추종자들의 예수 부활신앙은 두 가지 차원에서 큰 의미를 지닌다. 예수는 하느님의 아들 그리스도라는 예수 신성신앙의 근거가 되었고, 예수 죽음에 대한 대속적代贖的인 해석의 길을 터놓았다. 예수의 십자가 처형은, 인류의 죄를 대신 짊어진 대속적인 사건이요, 그것이 '하느님의 의'Gottesgerechtigkeit 사건이라는 것이다.

예수 추종자들은 부활신앙의 빛에서, 곧 예수 신성신앙과 대속신앙의 빛에서 역사적 실존 인물 나사렛 예수 생전의 삶과 가르침을 보기 시작하였다. 이 두 개의 예수 이미지가 복음서에는 접목되어 있다. 복음서에서 이 둘을 서로 분리한다는 것은, 그리 쉬운 일이 아니다.

이러한 내용은 수세기 동안 그리스도교 역사에서 그다지 문제가 되지 않았다. 중세 유럽인들은, 그들이 그리스도인이라는 사실을 조금도 의심하지 않았다. 신학적인 논쟁들은 있었어도, 거룩한 경전으로서의 성서의 권위에 대해 의심하는 일은 없었다. 게다가 대부분 민중은 문맹이었다. 히브리어, 라틴어 또는 그리스어로 쓰인 성서를 읽는 다는 것은, 엄두도 못 낼 일이었다.

허나, 15세기 구텐베르크에 의해서 활자 인쇄술이 발명되고, 종교개혁기에 접어들면서 성서는 더 이상 사제司祭들의 독점물로 남아 있을 수 없게 되었다. 성서는 라틴어가 아닌 제3국의 언어로 번역되기 시작하였다. 인문주의자 에라스무스와 종교개혁가 마르틴루터에 의해서 독일어로 번역되었고, 곧 이어 흠정역欽定譯 King James' Version 성경이 영어로 번역되기에 이르렀다. 성서의 번역 과정에서 그동안 의심의 여지가 없었던 성서 문자무오설의 권위가 의심받기 시작했다. 결정적인 것은 18세기 계몽주의시대에 들어서면서부터이다. 계몽주의운동은 인간의 이성과 비판의 잣대로 모든 전통과 권위를 이성의 심판대에 올려놓았다. 계몽주의사상가들은 당시만 해도 자명한 것으로 여겨왔던 중세 그리스도교의 진리의 잣대들을 이성의 잣대로 검증받도록 요구했다.

부활의 그리스도와 역사의 예수

복음서에서 가장 먼저 쓰여 진 것이 마가복음이다. 우리는 마가복음을 읽으면서, 신앙고백적인 예수 신화 뒤에 있는 역사의 인물 나사렛 예수의 생애에 대한 진상을 찾아낼 수 있을 것으로 기대했다. 마가복음은 우리가 예수 공생애公生涯의 윤곽을 파악할 수 있는 기본 자료를 제공하고 있다. 예수의 어록자료인 큐Q의 발견은, 예수의 육성을 직접 만날 수 있을 것이라는 희망을 갖게 했다.

알베르트 슈바이처는 『역사적 예수 생애 연구사』라는 책을 썼다. 그는 이 책에서, 역사적 예수를 기록한 저자들은, 역사적 예수의 실제적인 모습을 기록한 것이 아니라, 항상 그들 자신이 이상형으로 삼고 있는 인간상을 예수와 일치시키는 경향이 있음을 밝혔다. 그리고 예수의 가르침을 그들 자신의 이상으로 여기고 있는 도덕 가치와 일치시킨다는 것을 발견했다. 그는 복음서를 단순히 역사적 예수의 자서전으로 읽어서는 안 된다는 것을 지적하고 있다.

복음서에 등장하는 예수 생애 스토리의 윤곽은, 복음서 저자들의 편집에 의한 것이다. 복음서 저자들은, 그들이 수집한 예수에 대한 여러 전승 조각들을 펼쳐놓고, 시간과 공간별로, 그리고 사건별로 분류하고, 배열한 후, 복음서를 써내려갔다. 마가복음 저자는 특히 그가 속해 있는 교회공동체가 공동으로 신앙하고 있는 예수, 곧 예수는 그들이 고대하던 메시아였다는 예수 메시아 신앙을 가지고, 그 눈으로 예수 생애 스토리를 전개해나갔다.

마가의 예수 이야기

신약성서에는 네 권의 복음서가 있다. 그중에 요한복음은 다른 복음서들에 비해 색다른 점이 많다. 그와 달리 나머지 세 복음서 사이에는 서로 유사한 점들이 많이 발견된다. 이미 초기 그리스도교 세계에서도 이 세 복음서 사이에 놀라울 정도로 많은 공통점을 지니고 있다는 사실에 주목하였다. 첫째, 세 복음서 사이에 동일한 내용들이 여러 곳에 반복하여 나타난다. 둘째, 그들이 기록하고 있는 예수 공생애public life의 줄거리가 비슷하고, 특히 복음서 중반 이후, 곧 예수의 수난 이야기를 다루는 대목부터는 이야기 전개 순서가 동일하다. 셋째, 동일한 개념이나 단어를 사용하는 부분도 세 복음서 간에 상당수 나타난다.

마가복음의 예수 이야기는 전체 분량을 볼 때, 661절로 구성되어 있다. 그중에 630절에 해당하는 부분이 마태복음에 그대로 나타난다. 누가복음에는 마가복음의 440절 정도가 그대로 나타난다. 이러한 이유를 들어 학자들은, 세 복음서를 '공관복음서'(synoptic Gospels)라 부르고, 그 저자들을 일컬어 공관복음서 저자들이라고 한다. 마태복음, 누가복음, 마가복음은 예수 이야기를 전개하는 순서, 내용, 용어가 이와 같이 서로 비슷하기 때문에, 서로 대조하여 분석해보면 예수 이야기의 전체 윤곽을 보다 선명하게 이해하는데 큰 도움이 된다.

또 하나 주목할 것이 있다. 마태와 누가복음의 저자는, 예수 공생애 이야기를 소개하는데 있어서 마가복음의 순서를 거의 그대로 따르고 있다는 것이다. 마가의 예수 이야기 순서와 일치해야, 마태와 누가복음 사이의 예수 이야기의 순서 역시 일치한다. 마태의 순서가 마가와 일치하지 않으면, 이와 마찬가지로 마태의 순서는 누가와도 일치하지 않는다.

예를 들면, 마가복음에서는 예수께서 수난 받으실 것에 대해 세 번째 예고하는 장면(막10 : 31-34)에 바로 이어서 제자들 사이의 다투는 장면을 소개한다.(막10 : 35-40) 제자들 사이의 다툼은 세배대오의 아들 야고보와 요한이 예루살렘 입성 후 생기게 될 것으로 추정된 특별한 자리를 놓고 벌인 것이었다. 허나, 마가와 다르게 누가는 최후만찬사건(눅22 : 14-23) 이후에 제자들의 다툼 장면을 소개하였다.(눅22 : 24-30) 누가는 마가의 순서보다 다르게 앞 쪽에 배치했던 것이다. 그러나 마태는 마가의 순서를 따라 수난 예고(마

20 : 17-19)나 최후만찬(마26 : 26-29)을 소개한다.

이러한 점들은, 마태와 누가복음 저자의 책상머리에는 동일한 마가복음 자료가 놓여 있었다는 것을 입증한다. 즉 마태나 누가는 마가복음 자료를 대본으로 펼쳐놓고, 각기 그들의 복음서를 기록했을 때에야 가능한 일들임을 볼 수 있다. 이런 관찰에 근거하여 이른바 '두 자료설'(Tow Sources Hypothesis)이 나오게 된다.

큐Q 자료

세 복음서들 사이에 순서, 내용, 용어에 있어서 서로 일치하는 부분이 있다는 것에 대해서는 앞에서 밝힌 바 있다. 그런데 마가 자료 외에 마태와 누가복음에 일치하는 자료들이 또 나타난다. 이러한 점을 고려하면, 마태와 누가는 복음서를 저술할 때, 예수 생애 스토리에 대한 두 권의 서로 다른 대본을 가지고 있었다는 것이다. 마태와 누가는 서로 모르는 상태에서 서로 다른 두 권의 같은 책을 대본으로 삼아 그들의 복음서를 써내려갔다는 것이다.

마태복음과 누가복음의 본문에 같은 단어로 된 본문들이 병행으로 나타난다는 것은, 두 저자는 마가자료 외에 또 다른 동일 자료를 가지고 있었다는 것을 암시한다. 이 두 번째 자료는, 이에서 입으로 전해진 구전이 아니라, 문서 형태로 된 전승 자료이었음을 알 수 있다. 이 두 번째 공통 자료를 일컬어 학계에서는 큐Q라고 한다. 독일어로 '원천源泉'을 뜻하는 Quelle의 약자이다. 예수 말씀의 근원이라는 의미에서 큐Q로 부르게 된 것이다. 어떤 부분은 누가만이 가지고 있는 자료(SLk)도 있고, 어떤 부분은 마태만이 가지고 있는 자료(SMt)도 있다. 이를 특수자료special materials라고 한다.

두 자료설

마태와 누가는, 똑 같은 두 개의 자료, 곧 마가자료와 큐Q자료를 책상머리에서 펼쳐놓고, 한 글자 한 글자 인용하며 그들의 복음서를 써내려갔다. 그들은 서로 모르는 상태에서, 두 권의 동일한 책을 인용하며 복음서를 기술했던 것이다.

첫째, 마태와 누가는 마가복음의 예수 이야기를 기본 줄거리로 삼아, 그 순서에 따라 그들의 복음서를 썼다. 두 번째로, 마태와 누가는 큐익 내용들을 마가의 예수 이야기 줄거리 중간 중간에 삽입하였다. 마태와 누가는, 이를 서로 다른 방식으로 기술하였다. 두 저자는 서로 모르고 있는 상태였기 때문이다.

예수 말씀 자료 큐Q

누가는 큐Q에서 가져온 예수 말씀 자료를 두 부분으로 나누어 마가복음의 예수 이야기 줄거리 안에 삽입하였다. 첫 번째 단락은 누가복음 6장 20절에서 8장 3절까지이다. 두 번째 단락은 누가복음 9장51절부터 18장 14절이다.

마태는 누가와 다르게 큐 자료를 주제별로 나누어 이를 마가복음의 주제에 맞는 부분에 삽입하는 방식을 택했다. 마태는 마가의 내용과 큐Q의 내용이 비슷하면, 이 두 자료를 종합하여 기록하였다. 마가(막6 : 7-13)와 큐Q는 각기 서로 다른 제자들의 선교파송 규율에 보존하고 있었는데, 이를 누가는 두 개(눅9 : 1-6; 10 : 1-16)로, 마태는 하나로 통일시켰다.(마9 : 35-11 : 1)

예수 말씀 자료 큐Q는 마가처럼 독립된 문서자료로 존재하지 않는다. 허나, 우리는 마태와 누가복음의 예수 말씀들을 비교분석하여 큐Q 복음의 내용을 복원할 수 있다. 두 복음서에서 큐에서 온 것으로 추정되는 구절들을 비교분석하면, 거의가 순수한 예수 말씀으로만 구성되었음을 알 수 있다. 큐Q는 예수 말씀으로 구성된 복음서인 것이다.

일반적인 복음서의 구분법에 따라 계산해보면 큐Q복음은 대략 200 여개의 구절로 구성되어 있다. 예를 들면 우리에게 비교적 익숙한 산상설교의 예수 말씀들, 주기도문, 원수사랑계명 등이 큐Q 자료에서 온 것이다.

제7장 유영모와 큐Q의 예수 이해

들어가는 말

개신교 복음이 한반도에 들어온 지 한 세기가 지났다. 그동안 한국 개신교는 양과 질적인 면에서 괄목할만한 성장을 이루었다. 2013년 가을 부산에서 WCC총회가 개최될 예정인데, 이는 세계 교회에서 한국 교회가 차지하는 위상이 결코 적지 않음을 보여주는 사례이다.

나는 1984~1990년 독일에서 예수 말씀 복음서인 큐Q를 비롯하여 역사의 예수와 신앙의 그리스도 관계를 심도 있게 공부할 수 있었다. 독일에서 신학 공부를 하면서 역사비평학을 익힌 덕분에, 정통교리의 굴레에 갇히지 않고 신학을 학문적으로 연구하는 길을 터득하게 되었고, 다른 한편 나는 함석헌, 안병무로부터 다석 유영모의 사상에 대해 소개를 받아 한국인으로서 동아시아의 영성을 가지고 신학 하는 길을 터득하게 되었다. 나는 1980년대 초 한국신학연구소에 근무하던 시절, 연구소에 소장되어 있던 다석 유영모의 육필 일지를 틈틈이 읽었다. 당시에는 아주 독특한 사상이라는 것을 느꼈을 뿐, 그 가치의 소중함을 별로 깨닫지 못했다. 나는 독일신학의 역사비평학을 통하여 신학 하는 방법론을 익혔고, 유영모에게서 동아시아적 영성의 지평에서 성서를 보는 통찰력을 얻게 된 셈이다. 불트만과 유영모는 내 신학의 길을 밝히는 등불이 되었다.

최근 해외와 국내에서 학위를 취득한 신진학자들의 증가로 인해서 신학계에 폭 넓은 인프라가 구축되어 있다. 바람직한 현상이 아닐 수 없다. 내가 한국인 최초로 독일에서 큐Q 연구를 마치고 귀국하여, 한국 신학계에 큐Q를 소개하기 시작한 지 20년이 넘었다. 그 뒤로 미국에서 큐Q를 전공하고 돌아온 한국 성서학계의 보석들인 소기천·김형동·나요섭 교수 등의 왕성한 논문 및 저작 활동을 통하여 큐Q의 존재는 학계를 넘어 일반 기독교인들에게도 널리 알려지게 되었다.[1]

앞으로 〈큐Q연구소〉와 〈큐Q학회〉를 중심으로, 해외의 큐Q 연구 성과들을 국내학계에 소개하는 일과 더불어 동아시아의 문화와 종교 유산의 지평에서 큐Q 연구의 새로운 패러다임을 창출하고, 이를 세계 신학계에 소개하는 시도들이 있어야 할 것이다.

우리는 기독교인이기에 앞서 한국인이고 동아시아인이다. 기독

---

1) 국내에서 큐Q로 학위를 취득한 박인희, 김재현이 이에 가세하고 있고, 박인희는 국제적인 학회에 자주 참석하며 한국의 큐Q 연구를 소개하는 전도사로 활약하고 있다.

교인의 정체성과 함께 한국인의 정체성, 나아가 동아시아인으로서의 정체성을 가지고 신학을 해야 한다. 이제 우리의 우물에서 퍼 올린 생수를 마시며, 두 정체성의 합류를 통해서 신학의 보편적 가치를 추구할 때이다. 특수적인 것이야말로 보편적인 것이며, 한국적인 것이야말로 세계적인 것이라는 인식을 가지고 신학을 해야 할 것이다.

나는 한반도에 태어나 신학을 하게 된 것을 행운이라고 생각한다. 한편으로 서방 기독교의 신학 전통을 익힐 수 있었고, 다른 한편으로 동아시아의 정신문화 전통을 익힐 수 있었기 때문이다. 동방과 서방의 사상과 종교문화를 두루 아우르는 소통과 융합의 신학을 할 수 있는 장이 우리에게는 마련되어 있다. 이런 작업은 동아시아 사상에서 소원한 서구 신학자들에게는 불가능한 일이며, 기독교문화에 생소한 일본이나 중국에서도 불가능한 일이다. 우리만이 가지고 있는 장점이다. 이를 십분 활용하여 신학을 한다면, 앞으로 한국 신학은 세계 신학계에 크게 기여하리라 믿어 의심치 않는다. 그 선두에 큐Q학회가 서 있다. 성서신학이라고 해서 꼭 텍스트에 한정시켜 신학 작업을 해야 한다는 생각은 벗어나야 할 것이다. 성서 텍스트는 당시 사회문화적 맥락 가운데서 형성되어 있기 때문이다.

나는 지난 십 여 년 간 동아시아 종교의 주요 경전과 고전들을 탐독하면서, 앞으로 동아시아 사상의 지평에서 큐Q 연구의 새로운 가능성을 엿보았다. 특히 동아시아의 주요 고전들인 논어, 맹자, 대학, 중용, 금강경 등을 읽으면서, 또한 다석 유영모의 종교 신학사상을 접하면서 이러한 확신은 굳어졌다. 사도정통 기독교의 도그마(속죄론, 사도신조)에 채색되지 않은 큐Q의 보편적이고 인문학적인 가치를 지닌 예수 말씀들은, 동아시아의 정신적 가치들과 상통하는 면이 많기 때문이다.

유영모의 생애 스케치

한 사람의 신학사상은 그의 삶과 분리해서 생각할 수 없다. 유영모는 1890년 조선왕조가 몰락하고 서구근대문명이 유입되는 여명기에 태어났다. 그는 어려서 한문서당에 다니면서 12세 때 『논어』와 『맹자』를 배웠다. 1905년 15살에 서울YMCA 총무 김정식의 인도로 개신교 신앙에 입문하게 되었고 연동교회를 다니면서, 정통교리를 신봉하는 기독교인이 되었다. 1907년 17살에 최남선과 함께 경신학교에서 서구의 신학문을 배우게 된다. 특히 과학과 천문학은 그의 관심을 끌었다. 1910년 20살에 남강 이승훈의 초빙을 받아 정주 오산학교 선생으로 재직하였다. 그곳에서 이광수로부터 톨스토이의 인문주의 사상을 소개 받았고, 단재 신채호의 영향으로 노자와 공자를 비롯한 동양고전과 불교경전을 탐독하였다.

1912년 22세 때, 유영모는 일본으로 건너가 동경 물리학교에 다니면서 우찌무라 간조의 무교회 모임에 참석했다. 허나, 유영모는 속죄론과 사도신조를 복음의 핵으로 여기는 우찌무라의 정통주의 신앙(속죄론, 사도신조)에 회의를 느끼게 되었고, 기성 교회의 신앙

행태를 벗어나 독자적인 신앙의 길을 걸어갔다.[2]

1921년 조만식 후임으로 정주 오산학교 교장으로 취임하여 제자 함석헌을 만났다. 1928년부터 1963년까지 무려 35년 동안 서울 YMCA 성서공부 모임인 연경반研經班을 이끌면서, 그는 성서만이 아니라, 동서양의 고전들을 두루 섭렵하며 기독교 신학을 이에 접목시키는 작업을 하였다.

그는 1955년 65세부터 『다석일지』(1955.4.26.~1975.1.1.)를 썼고, 1959년 69세에 『노자』를 우리말로 번역하였다. 그는 1981년 2월 3일, 91세, 산 날 통산 33,200일 만에 귀천歸天하였다.[3]

가온찍기 신학

안병무가 1956년 독일 하이델베르크 대학으로 유학길을 떠났을 때, 다석 유영모는 그에게 다음과 같은 내용이 담긴 편지를 쓴 적이 있다. "… 宗敎改革 獨路得, 獨逸自來從事雄, 示孝神學日行 · 高麗彌後順命 1. 서 버들줄 히ㅅ올가."[4] 이를 번역하면 다음과 같다. "종교개혁은 독일 민족의 길에서 일어났는데, 독일은 예로부터 영웅을 따르고 숭상하는 나라입니다. 허나, 나는 효의 신학을 가르치며 날마다 가온찍기(·)를 합니다. 한국인은 두루 하늘의 명에 순

2) 김명수, 『씨알사상과 민중신학』, 한국학술정보, 2012, 21-27.
3) 박영호와 정양모가 작성한 '다석연보'를 참조하였다.(정양모, 『나는 다석을 이렇게 본다』, 두레, 2009. 288-291.
4) 김흥호, 『다석일지공부2』, 솔, 2001, 222.

복하고 곧게 섭니다(1)."

유영모는 한국의 문화전통에서 기독교 복음을 재해석한 토착화 신학의 선구자라고 할 수 있을 것이다. 이 편지의 내용에서 보이듯이, 그는 하느님 어버이의 명에 순복하는 효의 신학을 제창하였다. 그는 효의 신학을 가르친다 하였다. 그것은 날마다 '가온찍기'(·)를 하며, 곧게 서는 것(1; 고디)이라 했다.

유영모는 한글 구조를 신학적으로 해석함으로써 독창적인 신학의 길을 터놓았다. 가온은 한글 구조에 있어서 기역(ㄱ)과 니은(ㄴ)의 합성어이다. 둘 사이를 잇는 점을 가리켜 '가온'(·)이라 한다. 기억(ㄱ)은 하늘을, 니은(ㄴ)이 땅을 상징한다면, 하늘과 땅을 잇는 점인 가온(·)은 인간을 상징한다. 천지인天地人 삼재三才 사상으로 우주의 현상을 설명한다. 가온은 곧 고디(1)이다. 곧음(貞)이요 하늘을 향하여 곧게 섬이다. 인간존재의 특성을 하느님을 향한 곧은 마음에서 찾았다. 언제 어디서든지 하늘과 땅을 잇는 주체성을 갖고, 하느님을 향하여 곧게 서는 삶을 사는 것이 사람다운 인간의 삶의 자세임을 그는 말한다.

유영모의 성은 버들 유(柳)씨이다. 그래서 자기를 버들이라고 부르곤 했다. 편지에서 '버들줄'은 유영모의 사상과 얼의 줄기(脈)를 뜻한다. 비록 안병무가 서구신학의 길을 떠났지만, 그로 하여금 한국인이라는 정체성을 잃지 않고, 한국의 정신과 얼의 맥脈을 계승해가기를 바라는 마음을 담고 있는 편지임을 알 수 있다.[5]

1941년 음력 설날, 그는 큰 깨달음을 얻었다. 나는 티끌 같은 존재이며 하느님이 전부라는 체험을 했다고 한다. 하늘과 땅의 기운이 자기 몸 안에서 하나로 관통하는 천지인天地人 합일체험을 했다고 한다.[6] 내가 하늘과 땅을 잇는 존재라는, 자기 존재의 존귀함에 대한 새로운 깨달음을 얻게 된 것이다. 자기 존재의 존귀함에 대한 유영모의 각성은 그의 금욕생활로 나타났다. 그 해 2월 17일부터 그는 하루에 한 끼만 먹는 일일일식一日一食을 일상화하였고, 해혼解婚을 선언하여 부부생활을 끊었고, 널판 위에 잠자기 시작하였다. 구도의 삶이 시작되었던 것이다.[7]

비록 형식과 내용은 달리하고 있지만, 큐Q가 전하는 예수의 수세受洗 장면에서도 우리는 이와 유사한 분위기를 감지할 수 있다. 예수가 서른 살 즈음 되었을 때, 요단강에서 요한에게 세례를 받고 물에서 올라올 때, 하늘이 열렸으며, 성령이 비둘기 모습으로 그 위에 임했다고 한다. 그리고 천어天語가 들렸다고 한다. "너는 내 사랑하는 아들이다. 내가 너를 기뻐한다."(Q3 : 21-22) "하느님의 사랑하는 아들이다"(*su ei ho hyios mou ho agapetos*), "네 존재 자체가 내 기쁨이다!"(*en soi eudokesa*)

이와 같은 자기 존재에 대한 예수의 새로운 각성을, 큐Q는 개천開天 사건이요, 성령임재 사건이라고 한다. 그만큼 큐Q의 예수운동에서 중요하게 인식되고 있음을 알 수 있다. 예수는 성령에 이끌리

---

5) 한국에 개신교가 들어온 지 1세기가 넘었다. 현금, 한국 성서신학계의 경향은 어떤가? 아직 번역신학이나 수입신학의 범주를 벗어나지 못하고 있다. 물론 서구신학과의 대화나 소통을 위해서 번역신학의 작업이 소홀히 되어서는 안 되지만, 그 자리에서 한 걸음 더 나아가야 할 것이다. 그동안 성서와 동양사상의 접목을 시도했던 신학자들이 없었던 것은 아니나, 이제 앞으로 우리의 우물에서 퍼 올린 생수를 가지고 성서와 접목시키는 신학 작업들이 활발하게 진행되어 한국 고유의 사상, 문화, 전통과의 상호 연관성 속에서 성서학을 발전시켜나가야 할 것이다.

6) 정양모, 앞 책, 24-25.

7) 유영모의 그의 호를 다석(多夕)이라 짓고, 하루에 저녁 한 끼만 먹었다. 아침식사는 조물주 하느님에게 드리고, 점심식사는 굶주리고 있는 이웃에게 베풀며, 저녁은 자기 자신의 몸을 위해 식사를 했다고 한다.

어 어디로 가는가? 광야로 간다. 그곳에서 40일 동안 금식하며 수행정진을 할 때, 마귀가 와서 유혹한다. "네가 하느님 아들이면, 이 돌들을 빵으로 되게 하라." 예수는 무어라고 대답하는가? "사람이 빵만으로 사는 게 아니라 하느님 말씀으로 살 것이다."(신8 : 3 참조) 예수의 하느님 아들 정체성identity을 큐Q는 어디서 찾는가? 기적이 아니다. 하느님 말씀에 대한 신실信實함이다. 하느님의 말씀을 향한 '간단없는 성실함'(至誠無息)에서 예수의 하느님 아들 됨이 드러난다.[8] 예수의 하느님 아들 됨의 자리를 큐Q는 예수 신성神性 신앙에서가 아니라, 하느님을 향한 성실한 삶의 자세에서 찾는다.

이어서 큐Q는 예수의 첫 설교를 소개한다.(Q6 : 20-21) 큐Q는 행운에 대한 사회의 통념적 가치를 뒤집는다. 기득권층이 아니라, 사회의 소수자social minority들이 복이 있다고 한다. 복의 기준은 무엇인가? 맘몬(소유)이 아니다. 하느님나라의 수혜자라고 한다.

금욕주의적인 치열한 구도의 길을 걸었던 유영모, 그리고 저자거리 민중의 삶 속으로 들어가 동고동락하며 그들의 동반자로 살았던 예수, 그들의 이러한 삶의 실천 배경에는 자기 존재에 대한 새로움 깨달음이 서 있다.

---

8) 물론 큐Q의 본문에서 하느님 아들은 예수의 神性을 지칭하지 않는다. 성(誠)은 『중용』에 나오는 주요 명제이다.(29장) 지성무식(至誠無息)은 철에 따라 간단 없이 운행하는 우주의 성실함을 말한다. 지극한 성은 쉼이 없다는 것이다.『중용』은 쉼 없이 생성과 소멸의 운행 과정을 통하여 자기를 전개해가고 있는 자연의 성실함에서 인간이 본받아야 할 덕성을 찾는다.(참조, 김용옥, 『중용, 인간의 맛』, 통나무, 2012.)

씨알민중 신학

유영모는 유교 경전 사서四書의 하나인 『대학』의 한 구절인 "在親民在止於止善"을 '씨알 어뵘에 있으며 된 데 머묾에 있다'로 풀었다.[9] 민民을 '씨알'로 그리고 '재친민'在親民을 '씨알 어뵘'으로 풀이했다. '씨알 어뵘'은 씨알인 민民을 어버이처럼 섬기고 사랑하는 것을 뜻한다. 씨알(民)을 어버이처럼 공경하고 사랑하는 데서 속알(明德), 곧 진리가 밝히 드러난다고 보았다.[10] 배운다는 것은 무엇인가? 진리(속알, 바탈)을 밝히 드러내는 일이다. 유영모는 진리를 드러내는 큰 배움은 씨알민중을 섬기며 사랑하는 삶과 분리되지 않는다는 점을 말하고 있다. 학學은 지식의 축적을 넘어서, 이웃 사랑의 실천과 결부되어 이해되고 있다.

유영모는 씨알민중이 세상 짐을 지고 가는 메시아로 보았다. "노동자, 농민이 세상의 짐을 지고 가는 어린 양"이고[11], 빨래하고 청소하는 씨알민중이 신분 높은 사람(貴人)들의 구원자라고 했다.[12] 비非씨알민중 계층인 귀인貴人이 어떻게 구원을 받게 되나? 씨알민중을 통해서이다. 씨알민중을 우회迂廻한 구원의 길은 없다는 것이다. 유영모는 씨알 예수를 큰 짐꾼으로 보았다.[13]

---

9) "大學之道 在明明德 在親民 在止於止善,"(한 배움 길은 밝은 속알 밝힘에 있으며, 씨알 어뵘에 있고, 된 데 머묾에 있다.) 함석헌, 『함석헌전집14』, 한길사, 1985, 323
10) 『함석헌전집8』, 57. 유영모의 이러한 '씨알 민民' 사상을 함석헌은 받아들였고, 이를 사회역사적 차원으로 확대 적용시켜 그의 씨알사상을 완성시켰다. 함석헌은 씨알을 역사의 주체요, 하느님께로 나아가는 통로로 이해했다. 생각하는 씨알에게서 하느님의 뜻을 알 수 있다고 보았다. 유영모와 함석헌의 이러한 씨알사상을 안병무는 복음서의 예수운동을 해석하는 하나의 패러다임으로 응용하여 민중신학을 전개했다.
11) 유영모, 『다석일지 상:유영모 선생말씀』, 영인본, 1982, 934.
12) 김흥호편, 『다석 유영모 강의록 제소리』, 솔, 2001, 323.
13) 유영모, 앞책, 영인본, 443.

씨알민중을 구원의 주체로 말하는 유영모의 이념은 큐Q의 예수 운동과 맥을 같이 한다. 큐Q는 예수를 어떤 존재로 소개하는가? "시각장애인이 보고, 지체장애인이 걷고, 문둥병환자가 깨끗해지고, 귀먹은 사람이 듣고, 죽은 사람이 일어나고, 가난한 사람들에게 복음이 전파된다."(Q7 : 18-20) 예수는 사회적 소수자, 곧 '씨알민중의 메시아'로 소개되고 있다.

경신애인敬神愛人 신학

유영모의 일일일식一日一食의 실천에 대해서는 앞에서 언급한 바 있다. 그는 40여 년간 하루 한 끼만으로 살았다. 아침식사는 조물주 하느님께 공양하는 의미에서 금식을 했다. 점심식사는 이웃에게 공양하는 뜻에서 금식을 했다. 저녁식사는 자기 몸을 위해 먹었다.

우리는 이러한 유영모의 삶의 자세에서 경신애인敬神愛人을 온 몸으로 실천하는 신학의 극치를 찾아볼 수 있다. 그는 한편으로는 하느님께 순복하고 그를 향하여 솟아오르는 삶을 고디의 삶을 통하여 하느님과 하나 됨을 추구하였다. 또한 이웃을 사랑하고 섬기는 삶을 통해서 이웃과 하나됨을 추구하였다. 하느님 공경을 통해서 하느님과 하나되고, 이웃사랑을 통해서 하나되는 것, 유영모가 추구한 신앙의 궁극적인 목표였다.[14]

---

14) 박재순, 앞 글, 52 참조. 대승불교에서 이상으로 삼고 있는 신앙의 실천덕목의 하나인 "상구보리 하화중생(上求菩提下化衆生)"도 이와 유사한 맥락에서 해석이 가능할 것이다. 이는 수행 덕목에서 깨달음을 추구하는 일과 중생을 섬기는 일이 둘이 아님을 보여준다.

이러한 경신애인의 신학적 성향은 큐Q에서도 발견된다. "한 율법학자가 예수를 시험하려고 '선생님, 율법 중에 어느 계명이 가장 큽니까?' 하고 묻는다. 이에 예수가 대답한다. '네 마음을 다하고, 목숨을 다하고, 뜻을 다하여 주 너의 하느님을 사랑하라.' 이것이 가장 크고 으뜸되는 계명이고, 둘째 계명은 첫 번째 것과 비슷하다. '네 이웃을 네 몸과 같이 사랑하라.' 이 두 계명 속에 온 율법과 예언이 들어 있다."[15]

이러한 경신애인 계명은 고대이스라엘 종교 신명기학파 계약신학covenant theology의 주제이다.(신6 : 5; 레19 : 18) 큐Q는 황금률과 더불어 예수운동을 이와 연속선상에서 이해하고 있음이 분명하다.[16]

---

15) 눅10:25-28/마22:34-40(Q). 이와 병행문장이 마가복음에서도 발견된다.(막12:28-34) 가장 큰 계명에 관한 예수 말씀은 본래 큐Q와 마가복음에 서로 다른 형태로 전승되었을 것이다.(Schramm, Schuermann, Daube, Sellin) 이 두 전승을 참조하여, 마태와 누가는 공동체의 선교 맥락에서 각기 현재의 본문으로 재구성한 것으로 보인다. 이 본문을 선한 사마리아 사람의 비유(눅10:29-37)를 설명하기 위한 서두로 사용하고 있는 누가보다는, 마태의 본문이 큐Q 원형의 모습을 충실하게 보존하고 있는 것으로 보인다. 마태와 마가는 율법학자의 물음에 예수가 답변하는 형식을 취하고 있다. 허나, 누가는 예수의 물음에 율법학자가 답변하는 형식으로 이를 변형시키고 있다. 또한 누가는 서로 다른 '하느님 공경 계명'(신6:5)과 '이웃사랑 계명'(레19:18)을 하나의 계명으로 연결시키고 있다. 이 본문에 대한 상세한 역사비평학적 연구는 I.H.Marshall, 『누가복음(II)』, 한국신학연구소, 1984. 76-82. 참조.

16) 『논어』에는 "기소불욕물시어인(己所不欲勿施於人)"이라는 구절이 나온다.(위령공편) "자기가 원하지 않는 일은 남에게 시키지 말라"는 뜻이다. 이는 "너희는 남에게서 바라는 대로 남에게 해 주어라"(己所欲施於人)는 큐Q 예수의 황금률과 좋은 대조를 이룬다.(마7:12Q) 큐Q 예수의 황금률이 적극적으로 표현되고 있다면, 〈논어〉의 그것은 소극적으로 표현되고 있다. 황금률에 대한 큐Q의 예수 말씀과 〈논어〉의 공자말씀은 상호 보완적인 관계를 갖는다. 허나 〈논어〉의 황금률이 보다 보편성을 지니는 것으로 보인다.

불이시일不二是一 신학

유영모는 귀일신학歸一神學을 주창하였다. 모든 존재는 하나에서 나와서 하나 안에 존재하다가 하나에게로 돌아간다는 의미이다. 그가 말하는 '하나'(一)는 '상대적인 하나'가 아니라 모든 것을 포섭하는 '절대적인 하나', 곧 하느님을 지칭하는 상징어이다. 그는 이 하나를 동아시아의 개념인 빈탕空, 허虛, 무無, 침묵沈默, 무극無極으로 표현하기도 한다.[17] 그는 하나를 '없이 계신 분'으로 표현하기도 한다.[18]

유영모는 '하나'가 '나'를 아들 삼은 것을 느낀다고 하였다. 하나가 나를 낳고 길러주었기 때문에, 하나의 '아들 노릇'을 한다고 하였다.[19] 예수도 '하나'의 아들, 곧 독생자임을 깨달은 사람이라고 하였다. 하느님은 사람의 본성에 하느님의 생명씨앗을 심어두었다. 내 속에 하느님의 씨앗, 곧 성령이 있음을 알면, 하느님의 독생자가 되고 영생을 얻게 된다고 하였다.[20]

유영모의 성서해석 방법은 분석적이기보다는 직관적이다. 그는 특정 교리체계에 매이지 않으며, 성서본문을 언제나 '오늘의 나'의 관점에서 실존적으로 독해한다. "나는 길이요, 진리요, 생명이다" (*ego eimi he hodos kai he aletheia kai he zoe*)라는 구절(요14 : 6)을 해석하면서, 그는 에고ego를 개별자個別者 예수에게 한정시키지

---

17) 박영호, 『씨알의 메아리 다석어록』, 홍익재, 1993, 310.
18) 유영모에 따르면 예수는 '없이 계신 분'을 믿었다.(유영모, 앞 책, 영인본, 513.) 우리도 예수를 본받아 '없이 계신 하느님'을 어버이로 섬기면 작은 그리스도가 된다.(정양모, 앞 책, 59)
19) 류달영외, 『동방의 성인 다석 류영모』, 무애, 1993. 322.
20) 다석학회, 앞 책, 848~849.

않는다. 본문에서 '에고'를 개별자 예수가 아닌 보편자 그리스도로 읽는다. 그 에고에는 유영모 자신도 포함된다.[21] 그는 언제나 복음서의 예수 그리스도를 제3인칭이 아닌 제1인칭으로 읽었다. 예수 이야기(he-story)를 유영모 자신의 이야기(my-story)로 읽었다.

이러한 유영모의 보편적인 예수 이해는 큐Q의 방랑예언자들에게서도 나타난다.[22] 큐Q는 예수 삶의 특징을 네 가지로 요약한다. 탈가정脫家庭의 에토스(Q14 : 26), 탈고향脫故鄕의 에토스(Q9 : 57-60) 탈소유脫所有의 에토스(QMt6 : 19-20; Q10 : 4; Q16 : 13) 탈보호脫保護의 에토스(QMt10 : 10.23)가 그것이다. '무無의 에토스'이다. 이러한 예수의 삶의 스타일에서 큐Q 방랑예언자들은 그들 자신의 모습을 보고 있으며, 그들 자신의 삶을 통해서 이러한 예수의 삶의 스타일이 재현되고 있음을 보았다. "너희 말을 듣지 않는 자는 내 말을 듣지 않는 것이다. 너희를 배척하는 자는 나를 배척하는 것이다."(Q10 : 16) "너희를 영접하는 자는 나를 영접하는 것이요, 나를 영접하는 자는 나를 보내신 분을 영접하는 것이다."(QMt10 : 40) 큐Q에서 예수를 파송한 자, 예수, 방랑예언자는 '둘이 아닌 하나'(不二是一)의 관계를 이루고 있음을 말한다.[23]

---

21) 박재순, "안병무 신학사상의 계보: 유영모, 함석헌, 안병무," 『안병무신학사상의 맥1』, 한국신학연구소, 2003, 49.

22) G.Theissen/김명수역, 『원시그리스도교에 대한 사회학적 연구』, 대한기독교출판사, 1986, 103~133.

23) 이러한 불이적 관계이해는, 선교사 파송 시 휴대금령(携帶禁令)에서도 나타난다. 예수는 제자들에게 선교 명령을 내리면서 휴대해서는 안 될 것들에 대해 말한다. 돈, 지갑, 배낭, 신발, 두벌 옷, 지팡이도 지녀서는 안 된다는 것이다.(Q9:3; 10:4) 그것은 곧 예수의 지상적인 삶의 스타일과 연속성을 지닌다.(Q9:57-62) 큐Q의 방랑예언자들은 예수가 선교했던 갈릴리 농촌마을에서 그들 스스로 예수의 화신化身으로 살았다. 그렇기 때문에 다른 초기 그리스도교 신앙공동체보다도 큐Q에 의해서 예수의 말씀이 진지하게 받아들여지고 실천되었을 것이다.

부자유친父子有親의 신학

유영모는 하느님과 인간의 관계를 기본적으로 부자유친의 관계로 이해한다. 하느님을 어버이로 공경하는 태도에서 인간의 인간됨을 찾는다. 이러한 어버이로서의 하느님 이해는 아마도 유교의 영향일 것이다. 유교는 사회를 지탱하는 근거를 오륜五倫에서 찾았다.[24] 오륜의 첫 번째 지침이 부자유친이다. 어버이와 자식 간의 친밀한 관계를 사회를 지탱하는 윤리의 근간으로 삼았음을 알 수 있다.

부자유친의 윤리덕목은 어디에서 근거하고 있는가? 효孝이다. 효는 포유류에서 발견되는 특별한 현상이다. 포유동물의 새끼는 성장할 때까지 일정 기간 어미의 젖에 의존하여 생명을 지탱한다. 젖을 먹임으로써 어미는 자기 몸을 새끼와 분유分有한다. 분유 과정을 통하여 어미와 새끼는 '한 몸' 의식을 갖게 되고, 효애孝愛 감정이 싹트게 된다. 새끼를 향한 어미의 절대적인 헌신과 사랑이 먼저다. 이에 감응感應하여 나타나는 어미에 대한 새끼의 절대의존 감정이 효심이 발동한다.

슐라이에르마허는 기독교의 하느님 체험을 '절대의존감정'(feeling of absolute dependance)의 지평에서 이해하였다. 그는 기독교 신앙의 근거를 초월신超越神이 아닌 인간 내면의 심리지평에서 설명하고자 했다. 유영모에게 있어서도 하느님께로 나아가는 것과

---

24) 유교는 사회를 지탱하기 위한 도덕적 규범으로써 다섯 가지 윤리지침을 말한다. 어버이와 자식 사이의 관계(父子有親), 사회적 위계질서 관계(君臣有義), 부부 사이의 관계(夫婦有別), 어른과 아이 사이의 관계(長幼有序), 친구 사이의 관계(朋友有信)가 그것이다.

인간이 자기 내면으로 파고드는 것은 동일한 사건임을 말하였다.[25] 사람의 본성(바탈, 뜻) 안에 숨겨진 하느님의 씨앗이 효孝다. 슐라이에르마허가 말하는 절대의존감정은 효로 표출된다. 효는 생명 창조의 원체험原體驗이다.[26]

유영모는 이러한 동아시아의 효 사상에 바탕을 두고 부자유친의 신학을 펼쳤다. 그에 따르면 인간을 규정하는 원초적인 힘은 리비도libido 체험(프로이드)도 아니고, 원죄original sin 체험(성어거스틴)도 아니다. 그것은 효孝 체험이다. 효의 본원적인 자리는 어디여야 하는가? 육친의 부모보다 조물주 하느님이다. "지극한 효는 하느님께 바치는 것입니다. 이 세상의 어버이에게만 효를 행하는 것이 아닙니다. 위에 계신 하느님께 하는 효라야 만백성도 이에 순종할 수 있습니다. 예수가 하느님에 대해서는 그 누구보다도 효자인 것입니다. 하느님을 아끼고 사랑하는 것을 예수처럼 한 이가 없습니다."[27]

인간들은 육신의 부모에게 효도를 다할 줄 알면서, 천지를 낳고 기르시는 하느님 어버이에 대한 효는 게을리 하고 있다. 천지를 낳고 기르는 하느님 어버이에 대한 효가 먼저이다. 유영모는 예수의 삶에서 '지극한 효'(至孝)의 모범을 보았다. 예수만큼 하느님을 어버이로 공경하고 효를 다한 사람이 없다고 했다. 그것은 곧 하느님의 뜻을 이루는 것이 효인데, 하느님 어버이에게 효를 다하다가 예

---

25) 박영호, 『다석 유영모 어록』, 두레, 2002, 43.
26) 동아시아의 효孝 사상은 서구문화 사상과 비교해 볼 때 가장 두드러진 특징일 것이다. 공자는 〈논어〉에서 사회를 지탱하는 일차적인 윤리덕목으로써 인의예지(仁義禮智)를 내세웠고, 인(仁)의 근본을 효에서 찾았다. "군자는 근본이 되는 일을 힘써야하며, 모든 일에 근본이 서야만 도가 생긴다. 효성과 우애는 바로 인을 실천하는 근본인 것이다."(君子務本, 本立而道生, 孝弟也者, 其爲仁之本與).(學而編)
27) 다석학회, 『다석강의』, 현암사, 2006, 916.

수는 십자가에 처형되었다는 것이다. 예수의 십자가 처형을 그는 구원사건이 아닌 '지효至孝 사건'으로 해석한다.

유영모는 하느님을 여러 모양으로 표현했는데,[28] 그중에 '아바 디' 또는 '아바' 호칭이 돋보인다. 이것은 예수의 하느님 호칭과 연관성이 있다. 예수는 죽음을 앞두고, 하느님을 '아바 어버이'(abba ho pater)라고 부른다.(막14 : 36; 참조, 롬8 : 15; 갈4 : 6)[29] 큐Q의 주기도문도 하느님을 '어버이'pater로 부르는 호칭으로 시작된다. (Q11 : 1-4, 참조, Q6 : 35-36; Q10 : 21-22; Q11 : 11-13; Q12 : 30) 어버이의 이름을 거룩하게 하시며, 어버이의 나라를 오게 하시며, 어버이의 뜻이 땅에서 이루어지도록 하는 기원하는 것이 주기도문의 전반부를 구성하고 있다면, 후반부에서는 제자들의 지상에서의 삶에 대한 기원으로 구성된다. 하루끼니epiousios를 위한 기원, 채무opheilemata 탕감을 위한 기원, 유혹peirasmos에서 지켜주기를 위한 기원이 그것이다. 하느님 어버이 뜻은 어떻게 이루어지나? 그것은 AD 50년경 큐Q교회의 주요 선교무대였던 갈릴리 소작인들peasantry의 빈곤한 사회경제적 맥락과 밀접하게 연관되어 있을 것이다. 주기도문의 주요 대상은 누구인가? 하루끼니를 걱정해야 하고, 빚에 쪼들려 인간다운 삶을 박탈당하고 온갖 유혹에 노출되어 있는 갈릴리 농촌의 소작인들이었음을 짐작할 수 있다.

---

28) 유영모는 하느님을 無, 空, 虛空, 眞空妙有, 없이 계신 하느님 등으로 표기하고 있다.

29) 예레미아스에 따르면, 예수는 겟세마네 동산에서 기도할 때 하느님을 유아의 어버이 호칭인 '아빠'(daddy)라고 불렀는데,(막14:36) 하느님을 이렇게 부르는 것은 유대교 역사상 전무후무한 일이며, 하느님을 친밀한 관계인 유아 용어인 아빠로 부른 것은 예수가 처음이라고 한다. 허나, 아람어 abba가 유아 용어인 아빠(daddy)였다는 그의 주장은 설득력이 없다.(James Barr; Fitzmeyer) 마가의 본문에서 예수의 '아바' 호칭은 죽음을 앞둔 결단의 상황에서 쓰이고 있다. 이러한 맥락을 고려할 때, 이 호칭은 유아적(幼兒的) 아빠(daddy)를 뜻하기 보다는 하느님에 대한 절대 순종과 신뢰를 다짐하는 맥락에서 이해되어야 할 것이다.

제7장 유영모와 큐Q의 예수 이해

예수 죽음의 새로운 이해

유영모는 일본 유학시절 우찌무라의 무교회無敎會 집회에 출석한 적이 있다. 허나, 우찌무라가 교회 갱신을 외치고 있기는 하였지만, 여전히 기독교 정통교리인 속죄론과 사도신조 신앙에서 벗어나지 못하고 있음을 그는 간파하였다.

유영모는 예수의 죽음이 속죄론과 아무 상관이 없다고 했다.[30] 그는 예수의 십자가처형 사건을 우리가 겪어야 할 고통을 대신 받은 대고사건代苦事件으로 이해했다.[31] 예수는 하느님 어버이 뜻을 이루기 위해 효를 다하다가 순직殉職했다고 보았다. 예수는 의롭게 산 결과 비명횡사했다고 보았다.[32] "예수가 십자가에서 흘린 꽃다운 피가 꽃피(花血)다. 한마디로 의인이 흘린 피다."[33]

예수의 십자가처형을 사회적 불의에 항거하여 의롭게 살다가 비명횡사한 사건으로 이해하는 것은, 큐Q의 예수 죽음 이해와 맥을 같이한다고 볼 수 있을 것이다. 큐Q는 신명기 사관史觀에 입각하여 하느님의 지혜가 이스라엘에게 파송한 의인과 예언자들을 박해하고 죽였듯이, 이제 그들은 의인義人 예수를 죽였다고 해석한다.(Q11 : 49-51) 큐Q는 예수의 죽음을 속죄론의 지평에서가 아니라, 예언자들의 순직 지평에서 이해한다.

유영모와 큐Q가 말하고 있는 예수 죽음은 당시 사회적 불의와

---

30) 박영호, 『씨알의 메아리 다석어록』, 홍익재, 1993. 368.
31) 다석학회, 앞 책, 565~566.
32) 박영호, 앞 책, 112.
33) 박영호, 앞 책, 165~166.

스캔들에 대한 고발적 의미를 지닌다. 허나, 초기 사도 정통 교회는 십자가처형 사건crucifixion의 사회역사적 뿌리를 잘라내고, 십자가 구원사건cross으로 케리그마화하였다.

예수는 신이 아니다

유영모는 예수 신성神性신앙이나 양성兩性신앙을 믿지 않았다. 예수 신성신앙은 AD 100년경에 집필된 요한복음에 나타난다.(요1 : 1.18; 20 : 29; 참조, 요일5 : 20) 허나, 그보다 일찍 쓰인 공관복음서와 바울서신에서는 예수 신성사상이 발견되지 않는다. 요한복음에 근거하여 AD 325년 니케아 공의회에서 예수 신성 교리가 만들어졌으며, AD 451년 칼케톤 공의회는 하느님이면서 동시에 인간이라는 예수 신인양성神人兩性 교리가 완성되었다.

유영모에게 예수는 하느님이 아니다. 하느님을 어버이로 공경한 '얼 사람'이다. 얼은 성령을 뜻한다.[34] 성령을 힘입어 하늘 어버이께 효를 다하는 삶을 살았기에 예수는 그리스도로 불렸다는 것이다. 예수는 마음속에 있는 하느님의 씨앗sperma, 곧 성령을 잘 가꾼 분이며,(요일3 : 9) 하느님 어버이를 공경하는 삶을 살았기에 그리스도가 되었다는 것이다. 예수는 하느님 어버이와 하나 됨을 추구했던 '얼 사람' 그리스도이다.[35]

---

34) 다석학회, 앞 책, 848. 유영모는 성령을 얼, 로고스, 하느님의 씨, 독생자로 표현하기도 했다.
35) 유달영, 앞 책, 128.

유영모는 그리스도를 예수 한 사람에게 국한시키지 않는다. '얼
생명'(성령)을 힘입어 부자유친의 영성靈性으로 하느님 어버이를 공
경하는 삶을 사는 사람은 누구나 그리스도이다.[36] 예수뿐만 아니
다. 곧 성령을 받아 예수처럼 사는 사람은 누구나 그리스도이다.[37]
유영모에게 예수는 신성을 지닌 하느님이 아니다. 하느님 어버이에
게로 나아가는 길이다. 방편이요 참 생명줄이다. 그에게 예수는 하
느님이 아니라 하느님을 가리키는 손가락(指神)이다.

맺음말

이상에서 우리는 동아시아의 영성에 기초한 유영모의 예수 이해
를 초기 그리스도교 큐Q교회의 예수 이해와 연결시켜 살펴보았다.
인문학적인 에토스와 인간의 보편적인 효 체험에 근거하여 예수와
하느님의 관계를 이해하고 있다는 점에서 양자는 상관성을 지닌다.
이들의 예수 이미지는 사도정통 교회에서 찾아볼 수 있는 서구 헬
레니즘의 신화적 정황보다는 동아시아의 인문학적인 맥락에서 더
잘 이해된다.

유영모와 큐Q는 예수 신성신앙만을 구원의 척도로 삼는 신학에
대해 진지하게 물음을 던지고 있다. 이들이 보여주는 예수의 부자

---

36) 참조, 정양모, 『나는 다석을 이렇게 본다』, 두레, 2012, 228.
37) "기독교 믿는 자는 예수만이 그리스도라 하지만, 그리스도는 예수만이 아니다. 그리스도는 영원
한 생명인 하느님으로부터 오는 성신(聖神)이다."(박영호, 『씨알의 메아리 다석어록』, 홍익재,
1993. 344.)

유친 신앙은 전통적인 교리체계나 교권에 의해서도 제어될 수 없는 절대적인 자유 안에서 주어진 것이다. 예수는 사람이 하느님 어버이 앞에서 어떻게 자녀로써 살아가야 하는지를 보여준 지효자至孝者이다. 이웃사랑을 통해서 하느님 어버이께 효도를 다하는 삶이 곧 하느님의 뜻을 이루는 것이며, 그것이 신앙의 본질임을 이들은 보여주었다. 오늘날 한국 교회가 목을 매고 있는 주일성수, 십일조 헌금, 물질축복, 성경통독, 성령잉태, 동정녀 탄생, 기적, 속죄, 신체부활, 천국, 묵시종말 심판 등이 신앙생활에 있어서 결정적인 의미를 지니는 것들이 아니며 신앙의 본질에서 얼마나 먼 것인지를 유영모와 큐Q교회는 깨닫게 해주고 있다. 무엇보다도 이들은 예수를 믿는 자만이 구원을 얻는다는 독선적인 신앙으로부터 벗어나 보편적인 인간애universal humanity에 바탕을 둔 보다 성숙한 그리스도인으로 살아가도록 우리를 인도해준다. 한국 교회가 이들의 메시지에 귀를 기울여야 할 이유가 여기에 있다.

제8장 큐Q교회의 예수살기 운동

우울증에 걸린 개신교

　어느 한 스승에게 수 년 동안 공부를 마치고 하산하는 제자가 있었다. 그는 제자에게 하산기념으로 붓글씨 한 장을 써 주었다. 거기에는 사람 인ㅅ자 다섯 개가 쓰여 있었다. 그 밑에 "사람이라고 해서 다 사람인가? 사람이, 사람다워야, 사람이지."라는 해석이 적혀 있었다.

　사람은 많은데, 사람다운 사람, 사람 노릇을 하는 사람은 찾아보기 힘들다는 뜻이리라. 어떻게 살아야, 사람답게 사는 것인가? 사람노릇을 하며 산다는 것은, 무슨 뜻인가? 우리는 스스로 묻지 않을 수 없다.

　사람 인ㅅ자를 교회로 바꾸면 어떻게 되는가? 교회라고 해서 다

교회인가, 교회가 교회다워야 교회이지. 한국에만 해도 대략 5만개의 교회가 있다. 그 가운데 과연 교회다운 교회, 교회노릇 제대로 하는 교회는 몇 개나 될까? 그리 많지 않을 것이다.

요즈음 한국 개신교가 위기에 처했다는 것은, 교회 안팎에서 말하고 있다. 최근 여론조사에 따르면, 젊은 층과 고학력자들의 교회 이탈 현상이 개신교가 타종교에 비해 월등히 높게 나타났다. 비종교인들의 종교 선호도 조사를 보면, 개신교가 최하위이다. 가톨릭이나 불교가 40%대인데, 이에 비해 개신교는 절반 수준인 20%대로 나타났다.

한국 개신교회, 어쩌다 이 지경에 빠졌는가? 어디에 그 원인이 있는가? 그 원인 중 하나로, 성과주의 신앙과 과도한 긍정마인드를 들 수 있을 것이다.

"할 수 있거든, 이 무슨 말이냐? 믿는 자에게 능치 못함이 없다." (막9 : 23) "믿기만 하면, 안 되는 것이 없다." "하면 된다." can do spirit, 이러한 미국식 번영주의 신앙은, 한국 개신교의 신앙 정서에 깊이 내면화되어 있다.

허나, 목회자들이 설교에서 외쳐대는 '하면 된다'는 긍정 마인드와, '해도 안 되는' 신도들의 현실 경험 사이의 불일치는, 신도들에게 과중한 심리적인 부담으로 다가오고 있다. 주일에 교회에 가서 목사 설교 듣는 것이 스트레스가 되고, 그러한 스트레스가 누적되면 우울증에 빠지게 된다. 내가 진단하건대, 지금 한국 개신교회는 우울증에 걸려 있다.

우울증을 어떻게 치료해야 하나? 스트레스에서 벗어나면 된다.

그러기 위해서는 과도한 긍정신앙에서 벗어나야 한다. 산은 누구나 오를 수 있다. 허나, 누구나 오르는 것은 아니다. 아무리 '믿습니다!', '믿는 자에겐 능치 못함이 없다'는 성경말씀을 수백 번 외쳐보라. 그래도 안 되는 것은 안 된다. 될 만한 것이 되는 것이다. 신도들에게 모든 피조물은 한계적 존재임을 깨닫게 해 주는 것이 필요하다. 하느님 이외는 크리스천을 비롯해서 누구나 한계적 존재임을 겸손하게 받아들이고, 신앙생활을 하는 방법을 가르쳐야 한다.

교회의 기원

로마 가톨릭에서 현대화 운동을 벌이다가 파문당한 신부가 있다. 프랑스의 알프렛 르와지(A. Loisy : 1857~1940)가 바로 그분이다. 그가 남긴 유명한 말이 있다. "예수는 하느님나라가 온다고 했는데, 그러나, 정작 온 것은 교회였다."(1902)

이 말은 두 가지 물음을 우리에게 일깨워준다. 첫째는, 교회의 기원이 무엇인가? 둘째는, 교회의 존재 이유가 무엇인가? 일반적으로 서구교회 전통에서는, 교회의 출발점을 성령강림 사건(행2장)으로 잡는다. 예수께서 부활승천하신 후, 제자들이 마가요한의 다락방에 모였을 때, 성령이 불의 혀같이 내리고, 모인 사람들이 방언한 사건을 교회의 시작으로 잡는다.

허나, 르와지는 다르다. 그는 교회의 기원을, 어디까지나 갈릴리 예수의 하느님나라 운동에서 찾아야 한다고 주장했다. 교회의 존재

이유도, 그는 세계를 기독교화하는 것이 아니라, 예수의 하느님나라 운동과 정신을 계승하는 데서 찾아야 한다고 역설했다.

나의 어린 시절

나는 충청남도 부여 두메산골의 빈농가정에서 태어났다. 초등학교 4학년 때 대천이라는 중소도시로 이사를 왔다. 집 옆에 뾰족한 종탑이 있는 교회를 처음 보았다. 교회가 무엇을 하는 곳인가 궁금했다. 일요일에 종소리를 듣고, 호기심에 교회로 발길을 옮겼다. 어린이 교회학교 예배 설교시간이었다. 4월이었으니, 아마 고난주간 즈음이었을 것이다. 설교가 확실히 기억나지는 않지만, 하여튼 누군가 나를 대신하여 십자가에 죽었다는 내용이었던 것 같다. 그분이 누군지는 모르지만, 고맙게 생각되었다. 당시 내가 10살이었다.

그때부터 나는 예수와 인연을 맺게 되었다. 예수와 인연을 맺게 된 것이 내 인생에서 행운이었는지 아니면 불행이었는지 모르지만, 하여튼 나는 평생을 예수의 발길에 채어 지금까지 살아가고 있다.

내가 중1학년 때 4.19학생혁명이 일어났고, 그 다음 해 박정희 군사 쿠데타가 일어났다. 중학교 3학년 때이다. 밤에 잠을 자는데, 잠결에 어머니와 아버지가 싸우는 소리가 들렸다. 내 고등학교 진학문제로 두 분이 싸우고 계셨다. 아버지는 중학교 마치면 그것으로 되었으니, 고등학교 진학을 반대하셨다. 집안형편이 어려우니 돈 벌이를 시켜야 한다는 입장이었다. 허나, 어머니는 달랐다. 아무리 힘들어도 고등학교 진학을 시켜야 한다는 입장이었다. 두 분이 싸우는 소리를 잠결에 듣고, 나는 서울 영등포에 사는 외숙부한테 편지를 썼다. 졸업하면 곧장 서울로 올라오라는 답장을 받았다. 영등포 신길동을 찾아갔다. 산동네 셋방 한 칸을 얻어 다섯 식구가 살고 있었다. 거기에 나까지 끼었으니, 밤에는 당연히 칼잠을 자야 했다. 나는 밤에는 외숙부가 하고 있는 영등포역 근처 골목길에 좌판 깔아놓고 밤에만 책을 파는 일을 도왔다. 낮에 학교공부가 끝나면, 곧장 집으로 왔다. 어두컴컴해지면, 삼촌과 함께 영등포역 골목길에서 좌판을 펴놓고 카바이트 불 밑에서 책을 팔았다. 통행금지 시간이 되어서야 집에 돌아올 수 있었다. 나는 주경야독晝耕夜讀이 아니라 야경주독夜耕晝讀하면서, 그렇게 고등학교 3년을 마쳤다.

순복음교회 시절

나는 군사정권의 '잘살아보세' 국가시책에 발맞추어, 잘살아 볼 요량으로, 공과대학에 진학했다. 그런데 어느 날 친구 누나를 따라 우연히 서대문 순복음교회 예배에 참석했다. 당시 그 교회의 열기는 대단했다. 조용기 목사님이 40대 초반이었다. 나도 신유와 방언 은사, 성령세례를 받기 위해 새벽기도를 거의 빠지지 아니했다. 5년 동안 성가대와 청년회를 통해 열심히 봉사했다. 나는 순복음교회 열성파 청년이었다.

당시 순복음교회는 여의도에 땅을 구입하여 교회를 건축하기 시

194

작할 때였다. 교회는 교회건물 벽돌쌓기 헌금을 강조했다. 나는 휴학을 하면서까지, 한 학기 등록금을 벽돌헌금으로 드리기도 하였다. 지금 생각해보면, 그때가 지금보다 신앙이 훨씬 순수했던 것 같다.

대학 4년 때 나는 공학이 내 적성에 맞지 않는다는 것을 알게 되었다. 생명이 없는 차디찬 쇳덩이와 씨름하며 평생 살아야 한다고 생각하니 정신이 번쩍 들었다. 나는 신앙상담을 했다. 조목사님은 내 얘기를 다 듣고 나서, "자네, 신학을 공부해보는 것이 어떻겠나?" 하고 말했다.

한국신학대학 시절

졸업과 동시에 나는 한신대학에 학사편입을 했다. 1972년 봄이었다. 박정희는 영구집권을 꾀해 유신헌법을 선포했고, 긴급조치를 발동하여 이에 반대하는 세력들을 대대적으로 탄압하기 시작했다.

순복음교회 시절에는 나에게 사회가 전혀 보이지 않았다. 신앙이란 나 개인의 문제이며, 개인영혼 구원이 전부이고, 영혼이 잘 됨같이 범사에 잘 되고 강건한 3박자 물질축복 받는 것이 신앙생활의 궁극적인 목표였다. 방언과 같은 주관적인 신앙체험에 몰입했다.

한신대에 들어가니 분위기가 달랐다. 신학생들이 민주화와 인권회복을 외치며 데모를 했다. 학생과 교수들이 하나가 되어 유신헌법 반대를 외치며 삭발을 하고, 100일 동안 릴레이 기도회를 갖기도 했다. 나는, 나도 모르는 사이에 한신대학의 분위기에 젖어들기 시작했다. 교육부는 안병무, 문동환, 두 교수를 학생운동의 배후인물로 몰아 해직시키고, 한신대학에 무기 휴교령을 내렸다.

한신대학을 다니면서, 두 가지 큰 소득이 있었다. 하나는, 안병무 선생을 만난 것이었다. 나는 그를 통하여 역사의 예수historical Jesus를 만나게 되었고, 학문하는 방법론을 익히게 되었다. 그를 통해 만난 역사의 예수는, 내 평생에 걸친 신학의 화두가 되었다. 지금도 마찬가지다. 예수의 삶과 가르침은, 내 학문과 삶의 좌표가 되고 있다. 삶을 부분으로 쪼갤 수 없듯이, 구원도 부분이 아니고 전체여야 한다는 것을, 안병무는 강조했다. 구원의 전체성과 몸의 수련을 강조했다.

나는 기숙사에 있으면서, 후배들과 함께 검도부, 요가부를 만들었다. 새벽기도를 마치면, 산속에 있는 공터에서 함께 검도연습을 하고, 요가를 하면서 신체수련에 힘썼다.

또 하나는, 그 시대 사회의 변두리에서 힘겹게 살아가는 사회적 소수자들social minorities을 만난 것이다. 한신대에는 매 학기 목회 현장실습 기간이 있다. 나는 사회에서 음지에 사는 사람들이 사는 곳을 택하였다. 인천목재 노동자들의 주당 노동시간은 54시간이었다. 당시 세계 최장의 노동시간이다. 청계천 판자촌의 도시빈민들의 삶은 비참했다. 동자동 창녀촌의 창녀들은 목숨을 부지하기 위해 몸을 팔수밖에 없었다. 가리봉동 공장지대의 노동자들, 성남에 있는 천막촌의 철거민들, 그들의 고달픈 삶의 모습을 목격하게 되면서, 저들 민중 속에서 또 다른 나의 모습을 발견하기 시작했다.

사실, 당시 내 처지도 저들과 별반 다른 것이 없었다. 허나, 저들의 상태를 벗어나야 한다는 생각이 나를 짓눌렀다. 민중의 상태에 있으면서, 민중을 벗어나려고 발버둥치는 나는, 자기분열 상태를 경험하게 되었다.

대학원 두 번째 학기에 재일동포 학생이 대학원에 유학을 왔다. 나는 그를 통해, 재일교포들이 일본에서 얼마나 차별대우를 받으며 디아스포라의 힘든 삶을 살아가고 있는지 알게 되었다. 나도 만약 일본에서 태어났다면, 그들과 똑같은 차별대우를 받으며 살았어야 했다는 생각을 했다. 그 어려운 상황에서도 조국을 배우겠다는 일념으로 한국에 와서 생활하는 그 유학생에서, 나는 연민의 정을 느꼈고, 분열된 내 모습을 발견했다.

인생대학 시절

1975년 가을 어느 날 새벽, 나는 중앙정보부 사람에게 연행되어 서울 남산에 있는 중정에서 취조를 받았다. 그 재일동포 유학생이 남파된 간첩혐의를 받고 체포되었다. 나 또한 그와 친하게 지냈다는 이유로 체포되었다. 한신대의 민주화학생운동을 김명수가 배후에서 조종했고, 김명수를 재일동포 유학생이 조종했고, 그는 북한 지령을 받았다. 그러니 한신대학의 학생운동은 배후에는 북괴 김일성이 있다. 이러한 논리를 폈다. 나는 박정권에 의해 졸지에 간첩으로 둔갑되었고, 판사는 1심 판결에서 나에게 무기형을, 그리고 2심판결에서 10년형을 때렸다.

만약 독재자 박정희가 암살당하지 않았다면, 나는 고스란히 10년을 감옥에서 살았을 것이다. 김재규 덕에, 나는 1540일 만에 석방될 수 있었다. 나는 감옥이라는 극한상황에서 생존 자체를 위해서 몸부림쳤다.

사실, 이때부터 나는 삶을 하루씩 끊어 살기 시작했다. 오늘 하루를 내 인생의 전부로 알고 살았다. 하루를 일생으로 살았다. 내일의 나, 10년 후의 나를 생각해볼 겨를이 없었다. 앞으로 내 인생이 어떻게 될 것인가, 상상하거나 염려하고 불안해한다는 것은, 나에게 일종의 사치스러운 일이었다. 좌절할 틈이 없었고, 절망하거나 자포자기할 틈이 없었다. 나는 감옥에 갇혔다는 현실을 있는 그대로 받아들였다. 감정을 개입시켜 누구를 원망하거나, 사회를 탓하지 않았다.

내 인생의 앞날은 하느님께 맡겼다. 내가 지금 할 수 있는 일을 찾아, 최선을 다하는 것뿐이었다. 오직 모를 뿐, 지금-여기에서 오직 최선을 다할 뿐이었다. 나는 하루하루 죽고, 하루하루 다시 태어나는 각오로 살았다.

사면이 벽으로 둘러싸인 0.78평의 독방, 내가 생활할 수 있는 공간의 전부였다. 운동시간은 하루 30분, 나머지는 앉아 지내야 했다. '지금-여기'에서 내가 해야 하는 일이 무엇이고, 할 수 있는 일이 무엇인가를 생각했다. 해야 할 일은, 건강 챙기는 것이었다. 할 수 있는 일은, 책 읽는 것이었다. 신학교 다니면서 배워둔 요가와 명상이, 큰 도움이 되었다. 하루에 두 세 시간씩 요가와 명상을 했다. 지금도 나는 매일 새벽, 두 시간씩 요가와 명상으로 하루를 시작한다. 35년 전, 감옥에서 들인 습관이다.

마르크시즘과 관계된 책을 제외하고는, 거의 모든 분야의 책들의 차입이 가능했다. 밖에서 읽을 수 없는 책들을 탐독했다. 특히 신학의 인접학문인 서양철학과 동양사상에 관한 책들을 다방면으로 탐독했다. 희랍어 원어로 신약성경을 여러 차례 읽었다. 독일어로 쓰인 신학과 철학책들을 읽었다. 일본어 성경을 몇 차례 읽었고, 독학으로 일본어를 깨쳤다. 비중 있고 난해한 신학과 동서양 사상서들을 500권 이상 읽었던 것 같다.

지금 돌이켜보면, 1540일의 감옥생활이 없었다면, 오늘, 학자로서의 김명수는 존재하지 않을 것이다. 감옥에서 얻은 소득이 하나둘이 아니다. 일본어, 그리스어, 독일어 실력을 한 단계 업그레이드시켰다. 그 덕에, 독일에 유학을 갈 수 있었고, 일본에 교환교수로 갈 수 있었다. 대학에서, 그리스어 성경 가르치는 선생으로 20년 이상 밥 빌어먹었다.

이보다 더 큰 소득은, 이 사회의 밑바닥에서 살아가는 민중을 만난 것이었다. 내가 감옥에서 만난 사회의 소수자들social minorities은 순수하고 단순했다. 그들이 감옥에 들어올 수밖에 없는 이유는 그들 자신에게 있기보다는, 오히려 사회에 있었고, 강자 중심의 불평등한 사회구조에 있었다. 감옥에서 만난 민중은 나의 타자他者이며 동시에 나의 외화外化로 느껴졌다.

감옥에서의 민중체험은, 나에게 두 가지 깨달음을 갖게 해주었다. 한 가지는, 내 옆에 사람이 있다는 깨달음이다. 나는 그때까지 내 옆에 사람이 있음을 보지 못하였다. 나만이 세상에서 가장 존귀한 존재라고 생각했다. '나를 위한' 삶을 살았고, '나를 위한' 신학을 추구하고 있었다. 그런데 감옥에서 내 옆에 사람이 있음을 보게 되었다. 그들도 나 못지않게, 이 세상에서 존귀한 존재들이라는 것을 깨달았다. '나를 위한'(pro me) 삶과 신학에서 '우리를 위한'(pro nobis) 삶과 신학에로 삶과 신학의 패러다임을 바꾸게 되었다. 감옥에서의 내 평생의 삶과 신학의 방향을 결정지었다. 내가 비록 민중이 되어 살지는 못하지만, 그들 편에서 학문을 하고, 살아야겠다는 생각을 했다. 그래서 나는 민중 편으로 기울어진 균형과 기우뚱한 정의를 좋아한다. 나는, 내가 만난 민중의 눈으로, 갈릴리 예수의 하느님나라 운동을 보게 되었다. 거꾸로, 예수민중의 하느님나라 운동 지평에서, 오늘의 민중을 보게 되었다. 오늘의 민중 체험을 통해서, 나는 역사적 예수를 새롭게 만날 수 있었다.

나는 감옥생활에서 또 한 가지 깨달은 것이 있다. 인생에서 호好와 불호不好가 따로 없고, 행幸과 불행不幸이 따로 없으며, 화禍와 복福이 따로 없다는 것을 깨달았다. 나에게 재앙이라고 생각되었던 것이, 길게 보니 복이 되어 돌아왔다. 또 복이라고 생각했던 것이, 화가 되어 돌아오기도 했다. 인생은 주어지는 대로 거기에 맞추어 최선을 다해 살 뿐이라는 것을 깨달았다.

독일유학 시절

독재자 박정희가 암살당한 후, 나는 출옥하여 한신대학원에 복학했다. 한국 민중이 겪는 고난의 지평에서, 마가복음에 나오는 예수 수난 이야기를 재조명하였다. 석사학위를 제출하고, 나는 안병무 선생이 세운 〈한국신학연구소〉에서 일을 하면서, 신학의 넓이와 깊이를 더할 수 있었다.

나는 기독교에서 교리적으로, 하느님의 아들로 떠받들고 숭배하는 신적 존재 예수 그리스도에 대해서는 관심이 없었다. 목수의 아들로 태어나 가난하게 살았던 예수, 갈릴리 민중과 동고동락하며 그들의 삶의 동반자로 살았던 역사의 예수가 나의 매력을 끌었다. 나는 감옥에서 닦은 독일어 실력으로 WCC장학금을 얻어 성서학의 본고장인 독일의 함부르크 대학으로 유학을 떠났다. 역사의 예수를. 보다 심도 있게 탐구하기 위해서였다.

나는 독일에 8년간 있으면서, 예수는 어떻게 살았고, 그가 고민하고 꿈꾸었던 것이 무엇인가? 그가 이루고자 했던 하느님나라는 무엇인가? 그는 갈릴리 민중에게 무엇을 가르쳤는가? 역사의 예수를 탐구하다 보니, 한 가지 사실을 발견하게 되었다. 복음서에 나오는 예수 이야기는 크게 두 유형으로 나뉜다는 것이다.

한편으로는, 수난 당하고, 병 고치고, 귀신 내쫓고, 물위를 걷고, 오병이어로 오천 명 먹이는 기적을 행하는 '예수의 활동'을 중심으로 한 이야기들이 있는가 하면, 다른 한편으로는, 설교, 비유, 격언, 지혜, 훈계, 교훈으로 민중을 가르치는 '예수의 말씀'을 중심으로 한 예수 이야기가 있다. 예수활동 중심의 복음과 예수 말씀 중심의 복음이 있다는 것을 발견했다.

활동 중심의 예수 이야기들이 주로 전기傳記 형태를 띠고 기록된 2차 자료라면, 말씀 중심의 예수어록들은 보다 더 역사적 예수에 가까운 오리지널한 1차 자료로 생각되었다. 살아생전 예수의 육성에 가까운 말씀만을 모아 엮은 '예수 말씀 복음'Jesus Sayings Gospel 을 큐Q복음이라고 부른다.

큐Q교회의 예수살기 운동

나는, 살아 있는 예수의 육성에 가까운 큐Q복음을 우리에게 전해준 당시 교회공동체가 도대체 어떤 사회적 환경에서 복음을 전했는가에 관심을 가지고 탐구했다. 큐Q를 탐구하면서 알게 된 새로운 사실들은 나를 흥분시켰다.

(1) 큐Q복음에는 예수 신성신앙이 전혀 등장하지 않는다. 삼위일체 교리의 중요한 근거로 내세우는 성령잉태, 동정녀 탄생, 대속적인 죽음, 부활 사상이 큐에는 전무하다. 큐Q에서 예수는, 하느님의 아들이 아니라, 사람의 아들인 인자人子일 뿐이다.

(2) 바울교회 전통에서는, 예수의 죽음과 부활이, 복음의 핵심으로 받아들여진다. 죽은 예수에 대한 믿음과 숭배가 우리를 구원한

다. 허나, 큐Q교회 전통에서는 살아 있는 예수의 삶과 가르침이 복음의 핵심으로 이해된다. 살아있는 예수의 가르침에 따라 예수살기가 우리를 구원으로 인도한다. 죽은 예수를 믿어서 구원받는 것이 아니라, 살아 있는 예수의 말씀대로 살아서 구원받는다. '죽은 예수 믿기' 대신에, '산 예수 살기'가 우리를 구원으로 인도한다는 것이 큐복음의 핵심이다.

(3) 큐Q복음에는, 복 받는 수단으로 예수를 믿는 기복신앙을 찾아볼 수 없다. 예수를 믿는다는 것은, '버리고 떠남'이다. 예수처럼, 가정을 떠나고, 고향을 떠나고, 소유로부터도 떠난 삶을 각오해야 한다. 예수를 따른다는 것은, 심지어는 부모자식과의 불화까지도 각오해야 한다.

(4) 큐Q는 인간과 차별되는 신적 예수에서가 아니라, 인간과 하나 되는 자유인 예수에서 참 메시아의 모습을 보았다. 예수는 바리새인들이 그어놓은 율법의 경계에 매이지 않고 자유롭게 살았다. 세리나 창녀와 교제를 나누고, 먹고 마시기를 즐기며, 사회적 약자들과 동고동락하는 삶을 살았다.

(5) 큐Q는 예수를 예배 대상으로 떠받든 것이 아니라, 삶의 동반자로 받아들였다. 내가 예수를 믿는 것이 아니라 내가 예수가 되는 것이 큐Q에서는 중요하다. 지금, 선 자리에서, 내가 '작은 예수'로 사는 데서, 예수와의 동질감을 찾았던 것이다.

한국 교회의 방향 수정

『논어』는 '본립이도생本立而道生'을 말한다. 근본을 바로 잡으면, 진리가 저절로 드러나게 된다는 말이다. 한국 교회는 지금 어디로 가고 있는가? 성과주의 신앙, 미국식 번영신학, 과도한 긍정신앙, 기복신앙, 물질신앙의 거대한 풍랑 속에서 방향을 잃고 표류하고 있다. 십자가는 있는데, 교회 안에 들어가 보라. 도대체 예수를 찾아볼 수 있는가?

이런 때일수록 우리는 초심으로 돌아가, 다시 시작해야 한다. 기독교 복음의 본래 모습을 되찾아야 한다. 예수복음의 근본을 바르게 세워나가야 한다. 큐Q가 전하는 예수살기복음 운동은, 앞으로 방향을 잃고 헤매고 있는 한국 교회의 새로운 방향 설정에 하나의 등불이 될 것이다.

〈대담〉

'하느님나라'란 무엇인가?

대담자 : 김명수 교수

질문자 : 최병수 목사

최병수 : 오늘 함께 나눌 주제는 하느님나라입니다. 하느님나라라는 주제는 접근하기에 매우 까다로운 주제입니다. 먼저 하느님나라가 무엇이고 어떤 성격을 가지고 있는지 정리하고 규명할 필요가 있습니다. 당시 팔레스타인의 사회 경제적 상황을 짚고 넘어가는 것이 좋겠습니다. 교수님께서는 사회적 소수자들, 가난한 자들, 없는 자들이 역사적 예수와 함께 하느님나라를 이끌어가는 주체이자 동력이라고 말씀하시곤 하셨는데, 구체적으로 하느님나라의 역사적 주체에 대해서 말씀해주시면 감사하겠습니다.

김명수 : 예수의 하느님나라 운동은 로마 식민통치에 대한 대안 운동이었습니다. 로마는 기원전 63년 폼페이우스가 동방을 점령하면서 팔레스타인으로 진입했습니다. 로마는 헤롯 일가와 산헤드린

의 권력을 친로마 세력으로 인정하면서 그들에게 온갖 혜택을 베풀어 주었습니다. 헤롯 일가와 산헤드린 세력은 '로마의 평화(pax romana)'를 받아들인 사람들이었습니다. 그들은 로마 권력을 등에 업고 기득권 세력이 되어서 근본적으로 예수의 하느님나라 운동의 반대 세력이 되었습니다. 이들은 예수운동의 초창기에서부터 예수를 잡아들이려고 했습니다. 예수는 예루살렘 기득권 세력에 의해서 반(反)로마 운동가로 규정되었고 로마에 의해서 십자가 처형을 당했습니다. 이들에 반해서 예수의 하느님나라 운동을 적극적으로 지지했던 사람들은 갈릴리 농촌의 떠돌이 민중들이었습니다. 예수가 집안에 어떤 곡절이 있어서 출가했는지는 알 수 없지만, 예수는 30세 즈음에 출가해서 갈릴리 농촌을 떠돌아다니면서 무소유의 삶을 살았습니다. 가정에 묶여 있지 않고 한 곳에 정착하지 않고 무위의 에토스ethos로 살았습니다. 예수는 자기만 그렇게 산 것이 아니라 따르는 사람들에게도 무위의 삶을 요구했습니다. 저는 이러한 예수와 예수를 따르는 사람들의 무위의 에토스가 어느 곳도 삶에 안착하지 못하고 떠돌아다니는 민중의 삶과 사회적 현실을 반영한다고 해석합니다. 기댈 곳이 없는 걸인, 가난뱅이, 세리, 창녀 등과 같은 갈릴리 농촌의 떠돌이 민중들이 예수의 하느님나라 운동의 중심, 핵심 세력이었습니다. 이들이 하느님나라 운동의 대상이 되었다고 봅니다. 하지만 예수의 하느님나라 운동은 이러한 사회적 소수자들의 힘만으로는 운영되지 못했을 것입니다. 조직이 운영되기 위해서는 돈이 있어야 하잖아요. 예수운동도 결국에는 후원하는 사람들이나 동조자들이 있지 않았겠나 생각합니다. 만약 그들이 없었다면

대담/ '하느님나라'란 무엇인가?

예수운동이 그렇게 활발하게 운영되지 못했을 것입니다. 누가복음서 23장을 보면 갈릴리부터 예수를 따랐던 익명의 여성들이 있습니다. 그녀들이 예수의 후원그룹이 아니었는가 생각합니다. 예수운동의 주체는 예수와 떠돌이 예언자들, 떠돌이 민중, 그리고 동조자(중산층)이었고, 이들이 서로 협력해서 예수운동이 가능하게 되지 않았겠나 추측해봅니다.

최병수 : 이 문제와 연관해서 말씀드리고 싶은 것이 있습니다. 예수의 하느님나라 운동 말고도 당시에 젤롯당, 엣세네파, 세례 요한의 세례 운동과 같은 운동들도 하느님나라 운동을 했다고 생각합니다. 역사적 예수가 추구했던 하느님나라와 이 운동들 사이에는 어떠한 차이점이 있습니까?

김명수 : 예수 시대 팔레스타인에는 크게 네 가지의 사회운동이 있었습니다. 사두개파, 바리새파, 엣세네파, 젤롯파가 그 네 가지 사회운동입니다. 먼저 세례 요한의 메타노이아운동을 살펴보죠. 세례운동은 형태면에서 볼 때 엣세네파와 비슷합니다. 사막에 살면서 채식을 하고 금식을 했었던 세례 요한은 아마도 엣세네파의 한 사제였을 것입니다. 사두개파는 예루살렘 성전의 대지주들을 중심으로 보수 세력을 주도하고 있었습니다. 로마를 등에 업고 온갖 기득권을 누리던 사람들이었습니다. 그들은 성전 제의와 장로들의 유전인 할라카를 중시했습니다. 이들은 부활사상, 메시아사상, 종말 사상을 부정했습니다(마가복음 15장 참조). 부활, 메시아, 종말사상은

대담/ '하느님나라'란 무엇인가?

변혁에 대한 의지가 있는 사상들입니다. 기존의 질서가 그대로 유지된다면 부활이 있어서는 안 되죠. 메시아가 와서 뒤집어도 안 되죠. 이런 사상들은 모두 혁명과 연관된 것입니다. 이러한 사상들과 반대로 사두개파는 로마를 등에 업고 철저하게 현실을 긍정했습니다. 바리새파는 당대의 생업에 종사했던 신 사회계층의 지지를 받았습니다. 그들은 사회 밑바닥 계층인 '암 하레츠'와 철저하게 구분된다고 생각했고, 로마의 앞잡이였던 사두개파와도 구분된다고 생각했습니다. 그들은 쁘띠부르주아적 소시민적 경향이 강했습니다. 그들은 로마와 타협하기도 했습니다. 민족의 고통은 율법의 문제라고 생각했습니다. 그들은 현재 로마의 지배를 받는 것은 유대인들의 율법을 어겼기 때문이라고 보았고, 율법의 생활화를 주장해서 대중적으로 많은 성과를 거두었습니다. 예수의 사상과 삶은 바리새파와 많이 유사합니다. 예수의 집안이나 예수의 어렸을 때의 삶은 바리새인과 상당히 연관성이 있었을 것입니다. 예수는 바리새파의 회당종교에서 교육을 받았고 성장을 했을 것입니다. 성서에는 엣세네파가 나타나지 않습니다. 요세푸스의 저서에 엣세네파가 나타나죠. 이들은 바리새파보다 더 엄격한 금욕주의 생활을 했고, 수도원을 짓고 사막에서 살았습니다. 정결, 노동, 명상, 필사를 수행했습니다. 엣세네파는 사유재산을 인정하지 않았고 재산을 공유했던 집단입니다. 인류 최초의 사회주의 이념을 실천했던 평화공동체는 엣세네파가 아닐까라고도 생각해봅니다. 1948년 사해사본死海寫本 Dead Sea Scrolls이 발견되었는데, 사해사본에는 임박한 종말의 빛에서 자신들을 이해했던 종말공동체의 모습이 반영되어 있습니다.

대담/ '하느님나라'란 무엇인가?

마지막으로 젤롯당이 있습니다. 젤롯당은 '오직 야훼만'이라는 슬로건을 내걸고 반로마 정치투쟁을 벌였던 그룹입니다. 그들은 기원후 66년부터 70년까지 유대의 반로마 전쟁을 주도했지만 비참한 패배를 경험했습니다. 이 전쟁 이후에 유대인들은 목자 없는 양과 같이 되었고 이런 상황은 마가복음에 반영되어 있습니다. 마가는 유대민족이 겪고 있는 수난의 빛에서 예수의 수난을 재구성했습니다. 예수의 측근 제자들 중에도 젤롯당 출신이 제법 있었습니다. 예수의 하느님나라 운동은 이런 사회운동 집단과 서로 영향을 주고 받으면서 당시에 전개되었을 것입니다.

최병수 : 지금까지 배경 설명을 들었습니다. 이제 복음서 안으로 들어가 보도록 하죠. 공관복음서에 나타난 하느님나라 운동은 다 유사합니다. 그런데 제 4복음서인 요한복음서에 나오는 하느님나라 운동은 아주 궤를 달리합니다. 색깔이 굉장히 다르다고 생각합니다. 공관복음서에 나타난 하느님의 나라 운동과 요한복음에서 나타난 하느님나라 운동이 어떤 차이점을 가지고 있는지 말씀해주시죠.

김명수 : 공관서라고 하면 마태, 마가, 누가복음을 말하고 있죠. 공관복음서에서 말하는 하느님나라를 한 마디로 말하자면 '때가 찼고 하느님나라가 가까이 왔다'라고 할 수 있죠. 그런데 그 하느님나라의 내용이 무엇인지를 복음서에서는 분명하게 말해주지 않고 있습니다. 비유는 하느님나라의 내용을 말하는 것이 아니라 하느님나라에 대한 결단을 말하고 있는 것이죠. 아마도 예수와 동시대를

대담/ '하느님나라'란 무엇인가?

살았던 그 시대 갈릴리 민중들에게 하느님나라는 굳이 그 내용을 말하지 않아도 잘 알려진 것이 아니었는가 생각합니다. 하느님나라가 예수의 사상의 중심이라면, 그의 가르침과 삶은 하느님나라의 도래와 연관시켜서 바라보아야 합니다. 공관서는 예수의 하느님나라가 피안 어디엔가 존재하는 실체라고 생각하는 그런 하느님나라 이해를 거부합니다. 하느님나라는 인간의 삶 속에서 맺어나가는 해방사건(liberation event)이자 관계의 변화(changing relationship)입니다. 이미 예수는 공생애를 시작하면서 자신을 사회적인 해방사건(눅4 : 18-19)과 연관 짓습니다. 귀신축출은 병자치유와 서로 밀접하게 연관됩니다. 밥상 공동체를 이루어 더불어 먹고 마시는 것도 하나의 포인트입니다. 세상 사람들은 예수의 그런 행동을 보고 '먹기를 탐하고 포도주를 즐기는 자'라고 비난하곤 했습니다. 요한복음의 하느님나라는 조금 전 말씀드렸던 공관복음서의 하느님나라와 전혀 다른 성격을 가지고 있습니다. 학자들은 요한복음을 공관복음서와 구분해서 제 4복음서라고 부릅니다. 예수의 공생애를 기술하는데도 많은 차이가 있습니다. 공관복음서는 예수의 공생애를 1년으로 설정하는 것에 비해 요한복음은 3년으로 설정합니다. 공관복음서는 갈릴리를 강조하는데, 요한복음서는 유대를 강조합니다. 공관복음서에는 예수가 유월절에 죽었다고 되어 있는데, 요한복음에는 유월절 하루 전날 죽었다고 되어 있습니다. 신학적인 차원에서 볼 때에도 공관복음서는 종말론적인 미래 성격을 강조하고 요한복음은 현재적인 성격을 강조합니다. 공관복음서는 하느님나라를 강조하고 요한복음은 생명과 영생이 강조합니다. 마가복음

대담/ '하느님나라'란 무엇인가?

은 예수님이 메시아임을 감추려는 '메시아 비밀론'을 강조하는데, 요한복음은 아예 첫 장부터 예수는 선재하시는 하느님이었다고 말합니다. 요한복음은 빛과 어둠, 진리와 거짓, 위와 아래라는 이원적인 세계관에서 예수를 설명합니다. 요한복음의 예수는 스스로 자기를 '길이요 진리요 생명'이라고 소개합니다. 요한복음은 영지주의적인 신화를 빌어서 예수를 설명하는 것 같습니다. 물론 인카네이션incarnation사상이 있지만, 이러한 인카네이션사상도 영지주의를 비판적으로 극복하려는 시도에서 등장하는 것이 아닌가 생각해 볼 수 있습니다. 요한은 예수가 그리스도임을 공관복음서와 다른 차원에서 말합니다. 요한복음은 예수가 누구인가를 공관복음서처럼 반복의 방식으로 말하지 않고 예수의 의미, 즉 '나에게 예수는 누구인가?'를 강조했습니다.

최병수 : 요한복음에서는 하느님나라 운동이 공관복음서와는 다르게 전혀 새로운 의미로 나타났군요. 하느님나라 운동을 논의할 때 우리가 짚고 넘어가야 할 신학적 뿌리가 있습니다. 그것은 바로 유대 묵시사상입니다. 예수는 유대 묵시문학의 영향을 받지 않았습니까? 유대 묵시문학이 역사적 예수의 하느님나라 운동에 어떤 영향을 주었는지 알게 된다면 굉장히 의미 있을 것 같습니다.

김명수 : 이스라엘 역사를 움직인 두 개의 전통과 기둥이 있다면 출애굽 해방사건(Exodus)과 바벨론 포로사건(Exile)일 것입니다. 모세의 출애굽 사건은 정말 큰 영향을 끼친 사건이었습니다. 그중

에서도 특히 시내산 계약 사건이 큰 사건이었습니다. 계약을 통해서 야훼는 이스라엘의 하느님이 되고 이스라엘은 야훼의 민족이 되었습니다. 야훼는 이스라엘의 민족신이 되었습니다. 토라를 잘 지키면 복을 받고 어기면 징벌을 받게 됩니다. 이것이 계약의 핵심 내용입니다.

이스라엘 역사는 계약을 중심으로 엮어진 역사였으며, 하느님의 구원사(heilsgeschichte)였습니다. 이스라엘의 통일왕국시대는 다윗과 솔로몬시대로 막을 내리고 말았습니다. 유대인들은 통일왕국시대에 대해서 환상이랄까요 회상이랄까요 그 시대를 이상적인 시대로 생각했습니다. 그래서 메시아가 다윗의 후손으로 나와서 이스라엘을 정치적으로 회복시킨다는 꿈과 희망을 가지고 있었습니다. 예수시대 메시아운동의 한 축인 젤롯당도 이러한 정치적political 메시아니즘을 가지고 있었는데, 이것은 엑소더스 전통과 연결되어 있었습니다.

솔로몬 죽음 이후 왕국은 남북으로 분열되었고, 북이스라엘은 앗수르에게, 남유다는 바벨론에게 멸망당했습니다. 느부갓네살 왕에 의한 성전 파괴와 예루살렘 멸망은 이스라엘 백성들에게 정말로 큰 충격이지 않았을까 생각됩니다. 이스라엘 백성들은 계약에 대해서도 이해가 되지 않고 큰 충격을 받아 정신적인 공황상태에 빠지지 않았을까요? 이런 상황에서 이스라엘 백성들은 야훼에 대한 이해를 새롭게 해서 민족신을 넘어서 우주적이고 보편적인 하느님을 신앙하게 되었을 것입니다. 그러다가 페르시아 식민통치를 지나지요. 조로아스터교의 영향을 받고 그 이후 셀류코스 시대에 안티오쿠스

4세가 이스라엘로 하여금 야훼종교를 믿지 못하게 했습니다. 역사는 이렇게 진행되었습니다. 묵시문학은 당시의 시대를 반영하는 책들입니다. 에스겔, 요나 다니엘, 욥기 같은 책들은 BC 3세기경 사회적 혼동상황에서 나타났습니다. 사실 제 견해로는 묵시사상은 이스라엘이 역사적 지평에서 해방된다는 것을 포기한 사상입니다. 대신 역사를 넘어서 초역사적인 방식으로, 초자연적인 방식으로 인자 구세주가 내려와서 이스라엘을 구원한다는 사상을 가지고 있었습니다.

묵시문학이 새롭게 시작된 것입니다. 이스라엘과 유대의 선각자들은 야훼를 잘 믿는 선하고 의로운 사람이 복을 받는다는 사상과 현실 상황 사이의 괴리에 고민했었습니다. 그들은 그러한 고민의 자리에서 묵시문학을 통해서 대답했습니다. 즉 지금은 의인이 고난을 당하지만 마지막 때에는 인자가 하늘에서 내려와 불의한 자들을 심판하고 의인을 구원할 것이라는 희망을 설파한 것입니다. 묵시문학은 이렇게 시작되었습니다. 저는 묵시문학의 중심사상이 역사적 예수의 하느님나라 운동에서도 그대로 이어졌다고 봅니다. 묵시문학은 예수에게 많은 영향을 끼쳤습니다. 예수는 미래적인 종말 사상을 현재화했습니다. 예수는 미래가 현재가 되었다고 본다는 점에서 묵시문학과 차이점을 가집니다.

최병수 : 묵시문학사상은 정치적으로 경제적으로 사회적으로 억압받는 민중과 관련되었다고 생각됩니다. 민중들은 현실의 고난을 미래의 오실 구원자를 통해서 극복하려고 했던 것 같습니다. 예수

가 추구한 하느님나라도 묵시문학에 토대를 두었던 것 같습니다.

김명수 : 사회적으로 정치적으로 억압이 심하면 심할수록 묵시사상이 성행한다는 것은 일반적인 인류역사에서도 흔히 볼 수 있는 일입니다. 우리나라도 그랬습니다. 사회가 어려우면 어려울수록 시한부 종말론이 기승을 부렸습니다. 예수 당시 예수의 하느님나라 운동을 따랐던 부류들도 사회적으로 기득권층에 속했던 사람이 아니라 현 체제에 의해서 억압을 당했던 그러한 사람들이며, 종말의 변화를 고대하고 기대했던 사람들이었습니다. 사회적 혜택에서 소외된 그러한 가난하고 병들고 귀신들린 갈릴리의 사회적 소수자들이 예수운동의 중심이었을 것입니다. 가난한 사람들에 대한 축복과 부자들에 대한 저주는 바로 예수운동이 가지고 있는 민중 편향의 특성을 보여주고 있습니다.

최병수 : 이제 신약 성서에서 중요한 문제를 논의하고 싶습니다. 신약성서에는 두 가지 종말론이 나옵니다. 하느님나라가 미래에 온다는 미래적 하느님나라 개념이 있고, 또한 하느님나라가 현재적으로 왔다고 보는 현재적 하느님나라 개념이 있습니다. 신약성서 안에 어떻게 이 두 가지 개념이 병존할 수 있었는지, 그리고 그것이 어떻게 설명될 수 있는지 궁금하네요.

김명수 : 묵시종말론사상 중 인자(the Son of Man)의 기능에 대해서 앞에서 조금 언급했습니다. 복음서에는 두 부류의 인자 개념이 등장합니다. 미래적인 인자 개념과 현재적인 인자 개념이 등장

합니다. 미래적인 인자는 묵시종말론에서의 최후심판자입니다. 이 인자는 3인칭으로 등장합니다. 복음서를 보면 예수가 자기 자신이 아닌 제3자를 언급할 때가 있습니다. 그 때는 이 인자를 가리키는 것입니다. 또 하나는 예수가 자기 자신을 가리키는 인자 개념이 있습니다. 예를 들어 왕이 스스로를 말할 때 '짐'이라고 했던 것과 비슷한 경우입니다. '여우도 굴이 있고 공중의 새도 인자는 머물 곳이 없다'라고 말씀하실 때 그것은 자기 자신을 말하는 것입니다. 인자가 고난을 받아야 한다고 할 때 그것도 자기 자신을 말하는 것입니다. 종말의 인자와 자기 자신을 말하는 인자는 구분됩니다. 복음서는 이 두 인자를 결합시켰습니다. 저는 예수운동의 특징은 하느님나라가 더 이상 미래적 차원에 있는 것이 아니라 현재적 차원에 있다는 사실을 강조한 운동이 아니었을까 생각해봅니다. 예수는 선교를 하고 돌아온 제자들에게 '하늘에서 사탄이 번갯불처럼 떨어진 것을 보았다'고 했습니다(누가복음 18장 참조). 예수의 귀신치유운동, 무상나눔운동, 밥상공동체운동은 미래적 차원의 하느님나라를 현재적으로 선취하는 모습이 아닐까 생각합니다. 하느님나라의 미래적 차원에 대해서도 '하느님나라는 여기저기에 있는 것이 아니라 네 안에 있다'고 했습니다. 이 말은 네 마음에(in) 있다는 말도 되고 너희 사이에(among) 존재하는 것이라는 말도 됩니다. '너희 사이에'라는 말은 하느님나라의 현재적-관계적 차원을 강조합니다.

최병수 : 미래에 있을 하느님나라를 이미 현재에서 경험할 수 있다는 것을 잘 말씀해주신 것 같습니다. 이제 논의를 더 진행시켜

대담/ '하느님나라'란 무엇인가?

보고자 합니다. 사도바울의 하느님나라 운동과 큐Q복음서(마태와 누가가 서로 오버랩되는 말씀을 큐Q라고 부른다)의 하느님나라 운동 사이에는 굉장히 큰 차이가 납니다. 사도 바울은 도시 문화권에 기초를 두면서 운동을 발전시켜 나간 반면에, 큐Q의 하느님나라는 농촌을 중심으로 해서 발전되어 나갔습니다. 이 두 운동이 어떻게 상충되고 어떻게 함께 할 수 있는가를 이야기해주시면 감사하겠습니다.

김명수 : 저는 기독교 2000년 역사에서 가장 중요한 인물은 예수와 바울이 아니었겠는가 생각합니다. 두 사람은 동시대 인물이었습니다. 나이로 보면 바울이 예수보다 7~8세 아래였을 것입니다. 예수는 갈릴리 농촌에서 태어나 그곳을 배경으로 해서 살았습니다. 그리고 단명했습니다. 반면에 바울은 길리기아의 다소에서 태어났습니다. 헬레니즘이 발달한 메트로폴리스에서 태어난 사람이었습니다. 바울은 바리새파 출신으로 예루살렘에 유학생활을 했다고 추측해 보면 그가 예수의 예루살렘의 사건을 알았을 가능성이 높습니다. 그러나 실제로 바울이 역사적 예수를 만났는지에 관해서는 학자들 사이에 이견이 있습니다. 바울은 역사적 예수를 보지 못했다는 견해가 일반적입니다. 바울의 생애를 결정적으로 바꾼 사건은 다메섹 사건이었습니다. 다메섹 사건에서 바울이 역사의 예수를 만난 것이 아니었습니다. 그는 다메섹을 가는 도중에 부활의 예수를 만났고 이방인의 사도이자 선교사로 부름 받았습니다. 이때 바울의 나이는 아마 30세정도 였을 것입니다. 그는 64년경에 죽었습니다.

대담/ '하느님나라'란 무엇인가?

그러니 30년 넘게 기독교를 전파하고 기독교가 세계종교가 될 수 있는 디딤돌을 세운 분이 바울이 아니겠습니까? 예수는 1년 남짓 활동했을 뿐이지만 바울은 30년 넘게 활동했고 그래서 기독교의 창시자는 바울이라고 보는 것이 합당하다고 생각됩니다. 예수는 하느님나라 운동을 펼칠 때 농촌사회에서 마을 단위로 선교했습니다. 선교의 주 내용도 쇼셜 마이너리티들의 일상적인 문제를 고쳐주는 것이었습니다. 작은 이야기들이죠. 그들의 일상적인 문제를 해결해 주는 것이 예수운동의 포인트였습니다. 그런데 바울은 도시 중심의 회중 교회 운동을 펼쳤습니다. 회중 교회에서 바울이 핵심적으로 전한 메시지는 '예수가 십자가에 죽은 것은 내 죄를 대신 해 준 사건이다' '그것을 믿고 인정하면 구원을 얻는다'는 것이었습니다. 이러한 타력신앙他力信仰은 농촌사람보다는 도시사람에게 더 큰 호소력이 있었습니다. 바울은 '대승기독교'를 설파했다고 할 수 있고, 이런 면에서 도시민들에게 더 큰 호소력을 발휘했습니다.

최병수 : 예수의 하느님나라 운동과 사도 바울의 하느님나라 운동의 차이점을 말씀해 주신 것 같은데 둘 사이의 유사점은 무엇입니까?

김명수 : 예수의 하느님나라 운동이 사회적 성격을 강조한 것에 반해, 바울의 그리스도운동은 예수를 가리켰습니다. 불트만R. Bultmann이 말한 바와 같이 예수는 하나의 선포자였는데 바울에 의해서 선포의 대상으로 바뀌었습니다. 저는 예수의 하느님 운동과

바울의 그리스도 운동이 상당히 연속성을 가지고 있으며 바울은 예수의 하느님나라 운동을 계승하고 발전시켜나갔다고 봅니다. 예루살렘 교회운동에서는 서로 유무상통하는 이야기들이 나오잖아요. 이런 모습은 예수의 하느님나라 운동을 계승하고 있고, 바울이 예루살렘교회를 위해 모금하는 모습은 연대의 모습이라고 할 수 있습니다. 시골에서 시작된 예수운동이 멈춘 것이 아니라 도시 사회로 계승되고 이어졌다는 사실이 포인트라고 봅니다.

최병수 : 서구의 어떤 신학자는 '예수는 하느님의 나라를 선포했는데 실제로 도달한 것은 교회다'라고 말합니다. 이 말은 하느님의 나라가 실패했다는 의미를 함축하는 뼈있는 말인 것 같습니다. 예수의 하느님나라 운동은 실패한 것 아닙니까?

김명수 : '예수는 하느님나라를 선포했는데 실제로 도달한 것은 교회다'라는 말은 프랑스의 가톨릭 신학자 알프렛 르와지가 한 말이죠. 그는 당시 교황 비오 10세에 의해 교수직, 사제직, 신도자격까지 박탈당하고 말년에 고독하게 죽었습니다. '교회라는 것이 예수의 하느님나라 운동의 실패, 변절이 아닌가?'라고 고민할 수도 있겠다는 생각이 듭니다. 회중교회운동은 도시에 적합합니다. 오늘날에도 도시에서 대형교회가 만들어지고 있죠. 시골에서의 하느님나라 운동과 도시의 회중교회운동 사이의 차이점을 부인할 수 없지만 저는 양자 사이에는 내적인 통일성이 있다고 봅니다. 역사가 바뀌고 환경이 바뀌면 거기에 적응하게 되어 있습니다. 예수운동도

시골에서 도시로 바뀌면 거기에 맞는 교회의 모습이 만들어져야 하는 것이라고 생각됩니다. 앞에서 말씀드렸듯이 행2 : 43-45에는 예수의 하느님나라 운동의 흔적이 보이고 있습니다. 재산을 내어 놓고 필요에 따라 사용합니다. 갈라디아서 2장에서도 바울은 가난한 성도들을 위한 구호활동을 잊지 않고 있습니다. 예수의 하느님 나라 운동은 갈릴리 농촌에서 그레코로만의 도시로 이동하면서도 부분적으로 계승되었습니다. 그 점에서 실패라기보다는 계승, 발전이며 새로운 재해석된 것이라고 할 수 있겠습니다.

최병수 : 예수운동은 그러한 모습으로 계속 발전을 이루었군요. 이제 민중신학 이야기를 해보려고 합니다. 저는 민중신학이 하느님나라 운동을 새롭게 이해하게 해 주었으며, 하느님나라 이해에 큰 공헌을 했다고 생각합니다. 어떻게 보면 민중신학은 신약성서의 하느님나라 운동을 복원시켰다고 봅니다. 민중신학에서는 하느님나라 운동을 어떻게 봅니까?

김명수 : 저는 1980년 초에 독일 유학을 떠났습니다. 독일에서 아프리카, 남미, 동남아에서 온 목사들이 환영파티를 해주면서 이구동성으로 하는 말이 "조용기 목사를 아느냐?" "민중신학을 아느냐?"고 물었습니다. 또 어떤 사람은 "민중신학이 무어냐?"라고 물었습니다. 깜짝 놀랐습니다. 세계에 한국 기독교가 알려진 것이 조용기의 성령운동과 민중신학이라는 사실을 새삼 깨달았습니다. 민중신학운동은 큰 틀에서 보면 1970~1980년 한국의 근대화 과정

에서 나타난 사회적인 모순에 대한 한국 기독교의 대응response이 아니었는가 이렇게 크게 볼 수 있겠죠. 서남동, 안병우, 김용복, 허병섭과 같은 민중신학자들이 있었습니다. 박정희가 1960년 초에 쿠데타를 일으켜서 18년간 장기 집권을 했는데, 아마 죽을 때까지 집권을 하고 싶었겠죠. 그때 내 걸었던 정책 슬로건이 경제 개발이었습니다. 많은 사람들이 박정희 신드롬에 홀려서 박정희가 우리를 잘 살게 했다고 말합니다. 박정희는 경제 성장 자체를 목적으로 한 것이 아니라 장기 집권을 목적으로 했고, 그 수단으로 경제성장을 사용했습니다. 그 당시 박정희에게 자신의 삶을 수탈당하고 경제성장의 주역이지만 모든 것을 빼앗긴 분들인 민중들 바로 그분들이 오늘날의 경제성장의 주역이라고 봐야 합니다. 박정희는 외자유치와 정경유착을 통해서 경제성장을 밀어붙였습니다. 경제성장의 주역은 노동자들이었지만 그들은 결국 사회빈민으로 전락하고 말았습니다. 1970년에 전태일 분신사건이 일어났습니다. 이 사건이 당시 엄청난 사회적 문제제기가 되었습니다. 그리고 이 사건이 당시 한국 교회에 잠자고 있던 영적인 선각자들의 잠을 깨웠습니다. 당시 선각자들은 생존의 사각지대에 밀린 도시근로자와 농민들, 민중의 실상에 대해서 신학적으로 성찰했었습니다. 이러한 성찰의 과정에서 민중신학이 태어났습니다. 정통신학은 언제나 그리스도론이죠. 언제나 '예수 그리스도가 누구냐?'를 고민했습니다. 민중은 예수의 액세서리에 불과했습니다. 민중신학자들은 민중의 눈으로 복음서의 예수 그리스도를 다시 보았고 '예수가 민중'이며 '예수가 집단'이라는 사실을 새롭게 발견했습니다. 불트만은 복음서를 신앙

대담/ '하느님나라'란 무엇인가?

고백문이라고 보았습니다. 그러나 민중신학자들은 복음서를 예수 민중의 '사회전기social biography'라고 보았습니다. 복음서를 다시 보고 신학을 다시 정립했습니다. 이것이 민중신학의 주된 화두였습니다.

최병수 : 민중신학의 거대한 흐름을 만들어오고 이끌어 온 것은 강력한 하느님나라 운동이었습니다. 민중신학은 민중의 아픔과 고난을 만지면서 나오게 된 신학입니다. 또한 민중신학은 서구신학을 비판하면서 예수운동을 재발견했습니다. 그런 의미에서 저는 민중신학이 서구신학의 대척점에 서 있다고 봅니다. 민중신학은 서구신학의 어떠한 점을 비판했습니까?

김명수 : 몰트만J. Moltmann이 말했듯이 서구신학은 바울신학을 이어받았고, 바울신학은 신학을 사적인 제의 종교로 만들었습니다. 사적 제의종교는 종교와 신앙은 개인의 문제이니 사회집단에 대해서는 터치하지 말라는 입장입니다. 이것이 그들의 기본적인 입장입니다. 하지만 제가 보기에 종교현상은 사회현상 중 하나입니다. 그래서 종교는 자신이 놓여 있는 사회, 경제, 문화와 분리될 수 없습니다. 그런 식으로 생각하는 것은 근본적인 오류입니다. 불트만은 탈신화화脫神話化를 주장했습니다. 그는 복음서에서 신화적인 측면을 벗겨내야 한다고 주장했습니다. 복음서에서 신화적인 요소를 벗겨내고 케리그마kerygma를 설명하려 했습니다. 저는 불트만의 기본전제에 문제가 있다고 봅니다. 케리그마는 신화와 별개의 존재가 아

니라고 봅니다. 신화는 인간의 삶의 양식이며 옛날이나 지금이나 인간의 삶을 해석하는 하나의 틀거리로 존재합니다. 오히려 옳고 그름의 허구적인 개념으로 신화를 단죄하는 것이 잘못이죠. 도대체 신화적 요소 없는 케리그마가 가능하기나 합니까? 케리그마 자체가 신화죠. 신화적 요소 없이는 케리그마는 불가능합니다. 결코 분리될 수 없는 것이죠. 불트만은 케리그마를 복음의 제1원리prima causa로 보았습니다. 그러나 제가 보기에 케리그마는 역사적 예수사건에 대한 1차적 해석이죠. 이것을 뒤바꾸어서는 안 되는데, 서구의 신학은 이것을 뒤바꾸었습니다. 서구신학은 케리그마에 지나치게 집착하다보니까 역사의 예수를 놓친 것이죠. 그래서 민중신학은 서구정통의 케리그마 신학에 문제를 제기했습니다. 태초에 케리그마가 있었던 것이 아니라 예수 사건이 있었다고 주장했고, 이것을 신학의 제1차적인 대상으로 간주했습니다. 민중신학은 역사적 예수가 신학의 제1차적인 대상이고, 케리그마는 2차적인 것이라고 보았습니다.

최병수 : 지금까지 신약성서 안에 나타나는 하느님나라 운동에 대해서 주로 질문을 하고 답변을 들었는데, 조금 다른 차원에서 하느님나라 운동을 이야기했으면 좋겠습니다. 지금까지는 정통의 입장에서 하느님나라 운동을 신학적으로 논의해왔지만, 이제는 비정통적인 입장에서 하느님나라 운동을 생각해보려고 합니다. 영지주의운동에서 하느님나라 운동을 생각해보고자 합니다. 영지주의는 기독교의 큰 흐름 중 하나였지만, 사도 전통이 발흥하면서 퇴각했

습니다. 그러나 1945년에 나그 함마디 문서가 발굴되면서 초대 교회에서도 영지주의운동이 활발했다는 것을 알게 되었습니다. 영지주의는 하느님나라를 어떻게 생각했나요? 신약성서의 하느님나라 운동과 영지주의의 하느님나라 운동을 비교한다면 매우 흥미로울 것 같습니다.

김명수 : 저는 인류역사의 모든 주의들(-ism)과 사상들은 시대를 반영한다고 봅니다. 그렇게 본다면 영지주의운동도 예외는 아니겠죠. 기원전 4세기 알렉산더가 정복전쟁을 일으켜 헬레니즘문화를 일으켰습니다. 헬레니즘문화는 하나의 혼합문화였습니다. 헬레니즘에는 페르시아, 헬라, 불교, 후기 유대교의 문화가 혼합되었습니다. 이런 상황에서 영지주의가 태동했습니다. 영지주의의 태동에는 로마제국의 황제제의가 끼어들었습니다. '황제 제의' 때문에 세상cosmos에 대한, 인간에 대한 비관적인 해석이 등장했습니다. 영지주의는 '내가 누구인가?' '나는 어디서 와서 어디로 가는가?'라는 것에 대한 물음이었습니다. 이런 물음은 현세에서 그렇게 아름답게 살지 못하는 사람들의 삶을 반영해 준다고 추측해 봅니다. 영지주의자들은 로마가 통치하는 이 세상을 감옥으로 경험했습니다. 그들은 육과 세상을 철저히 혐오하고 부정했습니다. 그래서 영지주의에는 로마의 통치에 대한 철저한 부정의식을 볼 수 있습니다. 그들은 그 때문에 인간의 본질을 육적인 것이 아니라 영적인 것에서 찾았습니다. 인간을 영이라는 본질로부터의 소외로 생각했습니다. 육으로부터 영적인 고향으로 되돌아가는 것을 구원이라고 생각했습니

다. 그래서 영지주의에도 저항적인 생각이 들어 있었다고 할 수 있습니다. 영지주의는 영적인 깨달음을 말합니다. 영적인 깨달음은 중요한 영적인 도구입니다. 깨달음 영지gnosis는 이성을 초월한, 경험을 초월한 그런 지식입니다. 그래서 우리가 경험의 축적에서 얻어지는 것이 아니라 영적인 통찰과 지혜를 통해서 내가 누구이며 어디서 와서 어디로 가는가를 깨닫는 것입니다. 영지주의는 인간의 실존을 소외적 실존으로 생각하고 소외로부터의 구원을 추구합니다. 그런 면에서 모든 종교는 영지주의적 특징을 가지고 있습니다. 서구 신학자들은 너무 정통/이단의 측면을 생각하다가 영지주의를 너무나 소홀히 여겼습니다. '내 실존은 소외된 실존이다' '인간은 구원받아야 할 존재다' 이런 생각은 철저하게 사회변혁적인 사상이죠. 저는 해방신학, 민중신학, 여성신학, 생태신학 등은 세속화된 영지주의의 모습이 아닐까 생각합니다. 저는 영지주의를 적극적으로 인정히고 평가하며 비판적으로 받아들여야 할 것으로 생각합니다.

최병수 : 문제의 핫 이슈는 도마복음이라고 생각합니다. 도마복음는 '아버지의 나라'라는 말이 나옵니다. 도마는 큐Q복음의 어록도 함께 사용하고 있습니다. 도마복음이 말하고 있는 아버지의 나라와 큐Q말씀의 하느님의 나라 두 부분은 구체적으로 도마복음과 큐Q복음의 하느님나라에는 어떠한 차이점이 있을까요?

김명수 : 저는 요즘 도마복음 주해서를 준비하고 있습니다. 도마복음은 1945년 나그 함마디에서 발견되었습니다. 저는 '도마복음

의 발견이 초창기 그리스도의 기원에 대한 기존의 이해를 뒤바꾸는 엄청난 사건이 아니겠는가'라고 생각합니다. 저는 이 발굴이 기독교 역사에서 가장 중요한 사건 중 하나라고 생각합니다. 도마복음은 1500년 이상 땅속에 묻혀 있었습니다. 도마복음은 이집트 곱틱 동방교회에서 널리 읽혔다고 생각됩니다. 114절로 되어 있죠. 그중에서 큐Q복음서의 예수 말씀과 겹치는 것이 40%입니다. 그리고 나머지도 직간접적으로 연결되어 있습니다. 아마도 큐Q복음서와 밀접한 연관성 속에서 저술되었을 것입니다. 도마복음서는 큐Q, 마가, 마태, 누가의 일부를 알고 또 자신의 특수한 자료를 사용했었습니다. 과연 도마가 큐Q를 알고 있었을까요? 저는 도마가 마태와 누가의 자료였던 큐Q를 읽지는 않았다고 생각합니다. 저는 도마가 문서화되기 이전의 큐Q 구전전승이라고 할까요? 그것을 알고 있었을 것이라고 봅니다. 마태와 누가가 사용한 큐Q는 상당히 케리그마화 된 큐Q, 그리스도론적으로 발전하고 묵시종말론적으로 발전한 큐Q입니다. 도마복음과 큐Q의 공통 본문을 보면 케리그마화 이전의 예수 말씀을 만날 수 있는 길이 열립니다. 공관복음서는 '예수는 메시아다'라는 케리그마를 반영하기 위해서 변형되었거든요. 도마와 큐Q의 공통 본문은 맨 사람 예수의 말씀, 변형되고 왜곡되기 이전의 예수 말씀을 담고 있습니다. 제가 〈도마복음〉에서 중요하게 여기는 것은 97장입니다. 도마는 '아버지의 나라'라는 말을 사용합니다. 하느님이라고 하면 민족신民族神의 뉘앙스가 강하게 풍깁니다. 그래서인지 도마는 특정한 이스라엘 민족주의nationalism가 가미된 민족신 개념을 버렸던 것 같아요. 보다 보편성을 띤 '아버지'라는 호칭을 좋아했습니다.

　1예수께서 말씀하시기를, "아버지의 나라는 밀가루 가득한 동이를 이고 가는 한 여인과 같다. 2그녀가 먼 길을 걸어가는 동안, 동이 손잡이가 부서져 그녀의 길뒤편으로 밀가루가 날려 나갔다. 3그녀는 아무 것도 몰랐다. 그녀는 문제를 알아채지 못했다. 4그 여인이 집에 도착했을 때, 그녀는 동이를 내려놓고 그것이 텅 빈 것을 발견했다.(도마복음 97장)

　도마복음 97장 예수 말씀은 하느님나라를 밀가루 동이를 이고 가는 한 여인으로 비유하고 있습니다. 그 여인은 집에 도착해서 그 동이가 텅 빈 것을 발견했습니다. 공관복음서나 큐Q는 하느님나라를 종말론적인 측면에서 바라봅니다. 그러나 도마복음은 그렇지 않습니다. 이 여인의 결국은 무엇입니까? 텅 비게 되는 것입니다. 텅 빈 동이를 발견했을 때 이 여인의 소박한 꿈이 다 사라져버리고 말았습니다. 인생이란 바로 그런 것입니다. 아! 정말 기가 막힌 말씀, 큐Q의 예수 말씀과 차원이 다른 예수 말씀을 만날 수 있습니다. 하느님나라는 텅 빈 것입니다. 모르면서 기뻐서 하는 것이 하느님나라입니다. 인생은 얻을 것도 없고 잃을 것도 없는 '텅 빔'입니다. 이러한 도마복음의 하느님나라는 모든 것을 빼앗기고 잃으면서도 꿋꿋하게 살아가는 강인한 민중의 삶을 뜻합니다. 이것이 바로 아버지의 왕국이다! 이렇게 말한 것이 아닐까 생각됩니다. 아마 서구 신학자들은 이렇게 생각하지 못할 거예요. 저는 동양인이기 때문에 이것을 깨달았습니다. 저는 도마복음을 명상하면서 읽습니다. 읽고 깨닫는 자는 고통을 당합니다. 해탈했는데 고통을 당합니다. 이것이 도마복음이 가지고 있는 예수 말씀과의 친근성입니다.

최병수 : 빌립보서 2장의 케노시스*kenosis*가 생각이 나네요. 전체적으로 하느님나라 운동을 살펴보았는데요, 하느님나라 운동이 정말 다양한 스펙트럼에서 해석되어 왔다는 점이 인상 깊었습니다. 강이나 바다가 형성되기 위해서는 조그만 샘 하나가 필요하듯이, 이러한 하느님나라를 위해서 역사적 예수가 필요했던 것 같습니다. 오늘날 한국 교회가 위기라고 하는데, 새로운 하느님나라 운동이 일어나야 하는 것이 아닐까요? 이 시대에는 어떠한 하느님나라 운동이 일어나야 할까요?

김명수 : 종교도 새로운 형식이 필요합니다. 개신교가 한국에 들어온 지도 벌써 120년이 되었습니다. 그런데 신앙의 형태는 120년 전이나 지금이나 변화가 없습니다. '예수천당 불신지옥.' 현세주의와 기복신앙의 특징을 고스란히 가지고 있습니다. 저는 한국 개신교의 위기는 신학 부재의 위기라고 봅니다. 신학의 부재는 결국 설교 강단의 위기로 이어집니다. 교회의 성도들의 수준이 높아지고 있습니다. 대학이나 대학원을 나오고 성경공부도 열심히 합니다. 목사들이 열심히 공부해서 준비해야 합니다. 이것을 극복하지 못하면 한국 교회는 위험합니다. 한국 교회의 설교를 자세히 살펴보면 미국의 실용주의적인 생각, 번영신학, 긍정적인 사고, 세속적인 성공에 집중하는 것이 대부분입니다. 빨리 이것을 극복해야 합니다. 그런 생각들은 평신도들로 하여금 개인주의적인 성향을 가지게 하고 교회 내부에 집착하게 만듭니다. 교회 내부에 집착하는 행태에

서 벗어나게 해주어야 합니다. 한국 교회가 지탄받는 이유가 무엇입니까? 사회적 책임, 공적인 책임으로부터 벗어난 것이 문제가 아닙니까? '본립이도생本立而道生'이라는 말이 있습니다. 근본을 바로 세워야 진리가 살아난다는 말입니다. 기독교의 근본은 케리그마가 아니라 역사적 예수입니다. 케리그마신학을 넘어서 역사적 예수신학으로의 회복! 이것이 중요한 포인트입니다. 예수의 삶, 가르침, 예수가 민중과 함께 했던 하느님나라 운동으로 되돌아가야 합니다. 기본정신은 공적인 나눔입니다. 공적인 나눔을 확산해가는 운동. 이것이 예수운동의 핵심입니다. '초기 그리스도교신학연구소'가 앞으로 이런 일들을 중심적으로 해야 되지 않겠는가 생각해봅니다. 앞으로 한국 개신교는 서양 주도의 성서 주석으로부터 탈피해서 동양사상에서, 내 우물에서 퍼서 마시고 나누어주는 일이 필요합니다. 저도 평생 서구신학을 팠지만 이제 더 퍼서 마실 것이 없습니다. 그래서 동양사상에 관심을 가집니다. 이런 것이 한국 교회가 관심을 가져야 할 부분이라고 생각합니다.

최병수 : 지금까지 이렇게 교회와 한국 신학의 위기에 대해서 본질을 짚어주시고 대안을 제시해주신 김명수 교수님께 감사를 드립니다. 말씀처럼 초기 그리스도교신학연구소가 이 문제를 놓고 씨름하고 고민하고 기도하면서 나아가야 할 것입니다.